AKIVA WEINGARTEN

ULTRA MEIN WEG ORTHODOX

INHALT

AUF DEM WEG

Mit der Entscheidung, dieses Buch zu schreiben, habe ich lange gerungen. Viele Menschen haben mir im Laufe der Jahre, die vergangen sind, seitdem ich die Satmarer Gemeinschaft verlassen habe, gesagt, dass ich meine Geschichte zu Papier bringen sollte. Ich hatte aber das Gefühl, meinen Weg noch nicht zu Ende gegangen und meinen neuen Platz noch nicht gefunden zu haben. Es war wahr, ich hatte die ultraorthodoxe Welt verlassen, aber würde die Welt, in der ich jetzt lebte, die sein, in der ich bleiben würde? Hatte ich schon alle Antworten auf all die Fragen, die ich mir gestellt hatte, gefunden?

Dann besuchte mich der Programmleiter des Gütersloher Verlagshauses in Dresden. Ich erzählte ihm von meinen Zweifeln. Er ermutigte mich: Das Leben in der Satmarer Gemeinschaft, der Ausstieg und der Neubeginn, das seien Etappen auf einem Weg, denen noch weitere folgen würden. Aber es seien Etappen, die es wert seien, erzählt und mit anderen geteilt zu werden. – Ich beschloss, dass es jetzt an der Zeit sei, es einfach zu tun.

Entstanden ist ein Buch, in dem ich aus meinem Leben erzähle und das, was ich berichte, auf den Hintergrund der Traditionen und der Texte, der Kultur und der Bräuche stelle, mit denen ich aufgewachsen bin, in denen ich gelebt habe und zum Teil heute noch lebe. Eine umfassende Biografie will dieses Buch nicht sein. Einzelne Abläufe, Namen, Dialoge und Begebenheiten habe ich aus erzählerischen Gründen behutsam angepasst und verdichtet. Einige wenige Geschichten wurden aus persönlichkeitsrechtlichen Gründen auch fiktionalisiert.

Ich weiß, dass ich damit auch einige meiner persönlichen Unzulänglichkeiten und Fehler offenlege. Aber ich bin nicht perfekt. Ich habe Dinge getan, auf die ich nicht stolz bin, und würde manches heute anders machen. Ich habe mich entschlossen, nichts zu beschönigen und meinen Leserinnen und Lesern gegenüber so aufrichtig zu sein, wie ich es mir selbst gegenüber zu sein versuche. Ich hoffe, ihnen so die Komplexität und Wechselwirkungen meiner Geschichte, der Welt, in der ich aufgewachsen bin, und meiner eigenen, sich entwickelnden Persönlichkeit darin näherzubringen.

Ich habe meine Eltern in diesem Buch nicht immer in der positivsten Art und Weise darstellen können. Auch sie sind nicht perfekt. Sie haben das Manuskript aber gelesen und sind mit dem, was ich hier über sie schreibe, einverstanden. Ich bin ihnen dankbar dafür, dass sie zu mir gehalten haben, als ich die Gemeinschaft verließ. Das war nicht selbstverständlich und hat mir sehr viel Kraft auf meinem Weg gegeben. Ich bin dankbar für die Ehrlichkeit und den gegenseitigen Respekt, mit denen wir uns heute begegnen können. Wir sind zusammen einen langen und harten Weg gegangen, auf dem wir lernen mussten, unsere Verschiedenheit anzuerkennen und gegenseitig auszuhalten. Ich liebe sie aufrichtig und von ganzem Herzen.

Wenn ich Vorträge über die ultraorthodoxe Welt halte, werde ich oft gefragt:»Warum sprechen Sie nur über das Negative in der ultraorthodoxen Welt, warum sprechen Sie nicht über all die positiven Dinge?«

Ich bin nicht der Sprecher der ultraorthodoxen Welt und sehe es nicht als meine Aufgabe, sie in dem Licht darzustellen, in dem sie vielleicht gerne selbst dargestellt sein möchte. Wenn ultraorthodoxen Gemeinschaften das Bild, das über sie verbreitet wird, nicht gefällt, sollten sie selbst sich bemühen, daran etwas zu ändern.

Ich habe nicht das Ziel, die ultraorthodoxe Welt zu verleumden, aber ich werde definitiv nichts beschönigen. Ich erzähle von dieser Welt und der Atmosphäre darin, so wie ich sie kennengelernt und erlebt habe. Ich habe mich entschieden, diese Welt zu verlassen, weil sie für mich unerträglich wurde. Um ein zugegeben etwas drastisches Bild zu gebrauchen: In den letzten Jahren vor meinem Austritt hatte ich manchmal das Gefühl, mental vergewaltigt zu werden, aber gezwungen zu sein, mich mehrfach am Tag mit meinem Vergewaltiger, den die Gemeinschaft Gott nannte, treffen zu müssen, um ihn anzubeten und zu loben. Vor und nach dem Essen, vor dem Schlafengehen und gleich nach dem Aufwachen, nach dem Gang zur Toilette und bei jedem Schritt im Leben hatte ich ihn zu segnen und zu preisen. Ich konnte daran nicht festhalten.

Dennoch schreibe ich dieses Buch nicht, um Menschen davon zu überzeugen, die ultraorthodoxe Welt zu verlassen. Ich gehe meinen Weg, aber ich glaube nicht, dass dieser mich bisher zur einzigen und absoluten Wahrheit geführt hat. Ich glaube nicht, dass irgendein imaginärer Gott mich belohnen wird, wenn ich Menschen aus der Gemeinschaft herausbringe. Ich schreibe in diesem Buch über die Zweifel, die ich an der ultraorthodoxen Welt habe, aber ich habe mir nicht zum Ziel gesetzt, andere Menschen zu »erleuchten«.

Nach wie vor lebt der größte Teil meiner Familie ultraorthodox und nach wie vor habe ich viele Freunde in der ultraorthodoxen Welt. Wir halten es aus, dass wir verschiedener Meinung sind. Mal mehr, mal weniger gut. Manche Orthodoxe halten mich für einen Ketzer, der schwere Sünden begeht und ohne Zweifel in die Hölle kommt. Ich halte manche von diesen für Menschen, die den ganzen Tag mit Unsinn beschäftigt sind und das Wohl ihrer Kinder in einer Weise gefährden, die die Aufsicht des Staates auf den Plan rufen sollte.

Aber wenn ich eines gelernt habe, dann, dass das Leben kompliziert ist, dass Menschen kompliziert sind, dass es in der Welt nicht nur Schwarz und Weiß, die Guten und die Bösen gibt. Der Weg, den Menschen gehen, verläuft für alle im Dazwischen. So nehme ich durchaus auch wahr, dass es Menschen gibt, die sich in der ultraorthodoxen Welt glücklich und beheimatet fühlen.

Ich habe dieses Buch einerseits für Menschen geschrieben, die die ultraorthodoxe Welt nicht von innen kennen. Diese sollen wissen, wie es darin zugeht und was die durchmachen, die diese Welt verlassen wollen. Sie sollen um die Schwierigkeiten wissen, die Aussteiger haben, Teil einer nicht orthodoxen Gesellschaft zu werden, wenn sie es denn jemals sein können. Denn auch, wenn man die Gemeinschaft verlassen hat, verliert man viele Prägungen nicht. Zwar halten sich meisten Ausgestiegenen nicht mehr an die Regeln und Vorschriften und verstehen sich nicht mehr als religiös. Aber wir genießen es nach wie vor, den Schabbat zu feiern. Unser Denken, unsere Sprache und der Wortschatz, den wir benutzen, sind sehr stark von rabbinischer Literatur geprägt, und wir haben Geschichten und Witze, die nur wir verstehen können, weil niemand, der nicht in der Gemeinschaft war, die Pointe oder Komik des Erzählten verstehen kann. So bleiben die Ausgestiegenen doch immer irgendwie auch eine Gemeinschaft für sich.

Ich habe dieses Buch andererseits für diese Ausgestiegenen und für die, die in den ultraorthodoxen Gemeinschaften über einen Ausstieg nachdenken, geschrieben. Ich weiß, dass es viele wie mich gibt, die immer noch in der Situation sind, in der ich war, und das Wagnis des Neuanfangs nicht eingehen, aus Angst, ihren Job oder den Kontakt zu ihren Kindern zu verlieren, aus Angst vor dem hohen Preis, den sie zahlen müssen, wenn sie mit einem Mal ganz allein auf der Welt sind und nicht nur ein neues Leben, sondern eine neue Identität finden müssen. Ich weiß, wie das ist. Als ich die ultraorthodoxe Welt verließ, war ich mir sicher, dass ich kein Jude mehr sein wollte, dass ich nie wieder Kontakt zu allem Jüdischen haben wollte. Ich wollte als ein nicht-jüdischer Arzt in Europa leben und meine ganze Vergangenheit vergessen. Als meine Füße aber den Boden Deutschlands berührt hatten, war ich mir nicht mehr sicher. Ich war voller Zweifel, sehr frustriert. Schließlich und zu meiner eigenen Verblüffung habe ich mein Judentum an unerwarteten Orten und durch unerwartete Begegnungen wieder entdeckt.

Es ist ein anderes Judentum und heute versuche ich, es mit anderen Ausgestiegenen an der *Besht Yeshiva* in Dresden zu leben. Es ist ein Judentum, in dem niemand mehr in seinem Denken und in der Weise, sein Leben zu führen, so von Regeln und Vorschriften bedrängt wird, dass er oder sie sich vergewaltigt fühlt.

Ich habe mich entschieden, als Rabbiner zu arbeiten, weil ich jüdische Menschen ermutigen möchte, ihren

Kontakt mit der Geschichte unseres Volkes, mit unseren Traditionen, Feiertagen und Texten zu stärken. Ich glaube an ein lebendiges Judentum, das nicht von der Ultraorthodoxie kontrolliert wird. Ich glaube, dass wir anders leben können. Habe ich gesagt: Ich glaube? Das stimmt nicht, denn: Ich weiß es! Ich weiß es, weil ich heute mein Leben anders lebe und es für mich viel lebenswerter geworden ist.

Dieses Buch widme ich meinen Kindern, die ich mehr als alles andere auf der Welt liebe. Mit der Entscheidung, die Gemeinschaft zu verlassen, musste ich auch sie zurücklassen. Für sie wäre es eine zu große Belastung gewesen, in der religiösen Welt, in der sie zu Hause waren und heute noch sind, im Alltag dauerhaft mit einem nach den Kriterien der Gemeinschaft nicht-religiös lebenden Vater konfrontiert zu sein. Ich wollte ihnen die Anfeindungen, die daraus entstehen würden, ersparen, und Psychologen, die ich vor meinem Austritt um Rat fragte, empfahlen mir dringend, eine klare Distanz zu schaffen. Ich habe zwei Jahre gebraucht, um dies zu akzeptieren, und es war sehr schmerzhaft für mich, meinen Weg nur so und nicht anders gehen zu können. Umso mehr freut es mich, dass wir heute einen lebendigen Kontakt haben. Wir sprechen über die Welt, in der ich lebe, und wir sprechen über die Welt, in der sie leben. Ich bin glücklich darüber, dass sie manche Fragen, die sie in der Gemeinschaft nicht stellen können, heute mit mir besprechen. So kann ich ihnen manche Unsicherheit nehmen, die mich in meiner Jugend sehr belastete.

Noch habe ich ihnen nicht alles, was mich zu meiner Entscheidung wegzugehen, bewog, erzählen können. Ich sage ihnen zwar immer die Wahrheit, aber weil sie noch jung sind, kann ich ihnen die Wahrheit nicht immer sagen. Doch wir sprechen oft miteinander und je älter sie werden, umso mehr werden sie erfahren. Ich hoffe, sie damit so zu begleiten, dass sie dann irgendwann in der Lage sein werden, die Entscheidung über ihren Lebensweg selbst zu treffen.

Ich danke Diedrich Steen vom Gütersloher Verlagshaus für all die Stunden, die er in die Arbeit an diesem Buch investiert hat. Ich danke Sophia, Esther, Andrea, Moishe, Art, Barbara, meinem Bruder Ari und meinen Eltern für ihr Feedback, ihre Hilfe und ihre Kommentare. Und nicht zuletzt danke ich meiner geliebten Rosa, die mich die ganze Zeit erträgt und ohne die ich nicht in der Lage gewesen wäre, diesen Weg bis hierher zu gehen.

I

REGELN

Zwei Stunden lang habe ich in der Gemeinschaft der Männer in der satmarer Synagoge in Lakewood die vorgeschriebenen Gebete gesprochen; habe mich in den Klang der Worte gebettet, mit der die Frommen sich an *Hashem* wenden, an Gott, dessen Name über allen Namen ist. Ich habe mich tragen lassen vom Gemurmel der Hingabe, dem Rhythmus des *Schoklns*, des Vor- und Zurückbeugens, mit dem die Betenden ihre Konzentration schärfen oder auch ihren frommen Eifer zum Ausdruck bringen. Ich habe der Lesung des Wochenabschnitts aus der Torah gelauscht, und die Segnungen empfangen. Nach dem Ende der Liturgie sind wir noch geblieben. Mit anderen Männern hat mein Vater die Pflicht erfüllt, die jedem Frommen für den Schabbat aufgegeben ist. Zweimal hat er still für sich die *Parascha*, den Wochenabschnitt der Torah, auf Hebräisch gelesen, dann noch einmal auf Aramäisch, jener Sprache, in der die viele Texte der rabbinischen Literatur ursprünglich geschrieben waren und die uns darum als heilig gilt. Ich habe still danebengesessen. Erst nach meiner *Bar Mitzwa*, wenn auch ich als Mann gelte, werde ich diese Regel zu erfüllen haben. Jahr für Jahr werde ich dann dreimal die ganze Torah lesen, auf dass die Worte des Ewigen mich begleiten und ich zu einem Menschen werde, »der Lust hat an der Weisung Gottes, der bei Tag und bei Nacht über seine Weisung nachsinnt« (Psalm/Tehilim 1:2).

Jetzt ist der Schabbatgottesdienst zu Ende. Mit meinem Vater mache ich mich auf den Heimweg. Die frische

Luft tut mir gut. Langsam fällt die gottesdienstliche Versenkung von mir ab. Ich mag diesen Übergang, genieße das Gefühl von Frische und Stärke, das sich einstellt. Wir haben uns dem Ewigen zugewandt, das Rechte an diesem heiligen Tag getan, stehen in seinem Gebot und darum wird er sein Antlitz nicht von uns abwenden.

Da sehe ich dieses Schild.

Unsere Synagoge ist nicht die einzige in Lakewood, New Jersey (USA). Sehr viele Menschen, die hier leben, sind Juden, und darum gibt es noch zahlreiche andere Bethäuser. Wir kommen auf unserem Heimweg an einem vorbei. Der Parkplatz davor ist gut gefüllt. Auch hier findet der Schabbatgottesdienst statt. Das Ungeheuerliche aber ist: Ein Schild an einer der Parkbuchten verkündet »Reserviert für den Rabbiner«. Und tatsächlich steht da ein Auto.

Weiß dieser Rabbiner nicht, dass es verboten ist, am Schabbat mit dem Auto zu fahren? »Sechs Tage soll man arbeiten; der siebte Tag ist heilig, Schabbat, Ruhetag zur Ehre Gottes. Jeder, der an ihm arbeitet, soll mit dem Tod bestraft werden. Am Schabbat sollt ihr in keiner eurer Wohnstätten Feuer anzünden.« So hat es der Ewige im Buche Exodus/Shemot (Ex 35,2f) bestimmt. Und weil ein Automotor nun einmal eine Zündung hat und darum mit Feuer funktioniert, fahren orthodoxe Juden am Samstag nicht mit dem Auto.

Bestürzt frage ich meinen Vater. »Die sind nicht richtig jüdisch«, ist seine Antwort. Diesen Satz höre ich nicht zum ersten Mal. Noch weiß ich nicht, dass eines Tages auch ich zu denen gehören werde, die nicht mehr »richtig« jüdisch sind.

In der Welt, in der ich aufgewachsen bin, gibt es hohe Mauern und harte Grenzen. Sie sind nicht sichtbar wie Mauern aus Stein oder Zäune aus Stahl, darum aber nicht weniger undurchlässig. Es sind Grenzen des Geistes und der Begriffe. Mauern, hinter denen eine ganz bestimmte Weise gepflegt wird, die Welt zu sehen und sie zu deuten. Innerhalb dieser Mauern wohnen wir. Außerhalb leben die anderen.

Wir, das sind die *Chassidim*, die Gottesfürchtigen. Die 365 Verbote und 248 Gebote, die der Ewige den Menschen in der Torah, den fünf Büchern der Hebräischen Bibel, gab, und die unzähligen Weisungen, die Moshe in der *Mischna* und dem *Talmud,* der mündlichen Torah von Gott am Berg Sinai erhielt, geben unserem Leben Orientierung. Sinn unserer Existenz ist es, diese *Mizwot* zu erfüllen; sie so in unserem Leben zu verwirklichen, dass zwischen unserem Tun und Gottes Willen kein Unterschied mehr ist.

Dabei geht es um weit mehr als um das bloße Einhalten von Regeln um der Regeln willen. Die Erfüllung der *Mizwot* bringt den Menschen zu sich selbst, weil sie ihn mit Gott eins werden lassen. Die großen Rabbiner lehren, dass die Gebote und die Verbote der Torah gewissermaßen die Gebrauchsanweisung sind, die Gott seiner Schöpfung eingeschrieben hat und die er Moshe mitteilte, damit sein erwähltes Volk seine Bestimmung erfüllen kann. Wenn Menschen diese Gebrauchsanweisung vollkommen beachten, dann sind die physische Welt und die spirituelle Welt so miteinander verbunden, dass das Geistige das Physische in vollkommener Weise durchdringt. Der Mensch, dem dies gelingt, ist ein wahrhaft guter, ein glücklicher Mensch; sein Geist, sein Körper und seine Seele sind vollkommen rein und eins mit dem Ewigen. Das Bemühen der Chassidim, die *Mizwot* im Alltag zu verwirklichen, ist darum ursprünglich keine sklavische, dumpfe Gesetzestreue, sondern ein mystisches Streben nach Einheit; ein spirituelles Bemühen, das den Menschen adeln und zu sich selbst führen soll.

Und es geht nicht nur um den Einzelnen. Eine Welt, in der die *Mizwot* erfüllt werden, ist eine vollkommene Welt. Und so meinen manche spirituellen Führer der Chassidim, die die *kabbalistische* Idee haben, dass erst, wenn die Juden als das erwählte Volk Gottes die *Mizwot* vollständig befolgen, der ersehnte *Maschiach*, der Messias, kommen wird.

Wann aber erfüllt ein Mensch die Gebote Gottes und wann tut er es nicht? Die Antwort auf diese Frage ist keineswegs einfach, denn die 613 Weisungen des Ewigen und die Regeln der *Halacha* müssen in einer konkreten und sich ständig verändernden Welt angewendet werden. Um es im Bild der Rabbiner zu sagen: Während die Gebrauchsanweisung immer dieselbe bleibt, wird das Produkt, für das diese Weisungen Gottes gelten, immer komplizierter. Als Gott am Sinai Moshe die Weisungen gab, gab es keine Verbrennungsmotoren. Das bedeutet aber nicht, dass es damit keine göttlichen Regelungen gäbe, die sich auf diese technischen Geräte beziehen. Denn Gott hat nicht nur die Welt erschaffen. Er hat mit der Schöpfung auch alle Möglichkeiten eröffnet, die der Welt und der menschlichen Schöpferkraft innewohnen. Gott wusste schon am ersten Tag der Schöpfung, dass es eines Tages Verbrennungsmotoren geben würde. Er wusste, dass Menschen einmal Flugzeuge bauen würden, und es war ihm von Anbeginn der Welt klar, dass es eines Tages das Internet geben würde. Und darum beziehen sich die Weisungen der Torah auf alles, was den Menschen zu jeder Zeit der Geschichte widerfährt oder möglich ist.

Für die orthodoxen Juden ist darum klar: Am Schabbat Auto zu fahren mit dem Argument, dass es Autos »damals«, als Gott Moshe seine Weisungen mitteilte, ja noch gar nicht gab, ist Unsinn. Vielmehr ist es Aufgabe des Menschen herauszufinden, wie es sich mit allem Neuen in der Geschichte im Hinblick auf die Gebote Gottes verhält. So haben die orthodoxen Rabbiner klar entschieden, dass Verbrennungsmotoren sehr wohl unter das Verbot Gottes fallen, am Schabbat Feuer zu machen.

Im Laufe der Geschichte mussten die jüdischen Gelehrten so auf eine Vielzahl von Veränderungen in der Umwelt und in den Kulturen, in denen Juden lebten, Antworten finden. Bis in Details hinein musste und muss bis heute immer wieder geklärt werden, wie Jüdinnen und Juden in konkreten Herausforderungen des Alltags so handeln, dass ihr Tun und Lassen mit den Weisungen Gottes übereinstimmt.

Viele Antworten, die viele Generationen von Gelehrten durch die Jahrhunderte hindurch auf diese Fragen und auf all die neuen Fragen, die sich aus den Antworten ergaben, gegeben haben, sind im Talmud festgehalten. In dieser Schrift finden sich die *Mischna* und die *Gemara*, das sind Kommentare zur *Mischna*, die jüdische Gelehrte schon in der Frühzeit der Geschichte verfasst haben. So sind viele dieser Kommentare in der antiken Stadt Sura in Babylonien während es babylonischen Exils des Volkes Israel entstanden. Die meisten Talmudausgaben, die wir kennen, bieten darüber hinaus noch einen weiteren Inhalt, nämlich die Kommentare zu *Mischna* und *Gemara*   **19** aus der Feder großer Rabbiner. Diese finden sich in den einzelnen Bänden des Talmud als Randglossen.

Torah und Talmud bilden den Kern der *Halacha*, die die Normen, Traditionen und Auslegungen der Rabbiner umfasst. Die *Halacha* gleicht einem Gebirge von Gesetzen, das sich im Lauf von Jahrhunderten jüdischer Geschichte über die *Mizwot* der mündlichen wie der schriftlichen Torah erhoben hat. Und die Rabbiner, die Gesetzeskundigen sind es, die mit ihrer Kenntnis der Gesetze, der Regeln und ihrer Auslegung der Gemeinschaft den rechten, gottesfürchtigen Weg weisen. Sie sind es, die mit größter Gelehrsamkeit und in Kenntnis der Tradition versuchen, auf jede Frage, die sich im schnell wandelnden Alltag der Welt stellt, eine Antwort zu geben. Sie erklären nicht nur die Weisungen Gottes, sie klären auch die zahlreichen Unklarheiten und z.T. Widersprüche, die sich über die Jahrhunderte in der Auslegung der Texte eingestellt haben, damit die Weisungen des Ewigen bei jeder Entscheidung, die ein Mensch zu treffen hat, befolgt werden können; damit die Gottesfürchtigen nicht in die Irre gehen.

■ ■ ■

So wuchs ich in einer Welt auf, in der es für alles – und ich meine wirklich alles – eine Regel gab, die eingehalten werden musste. Wenn ich morgens aus dem Haus gehen wollte und mir die Schuhe anzog, dann hatte ich als Erstes meinen rechten Schuh und dann meinen linken anzuziehen. Im Hintergrund dieser Regel steht die Vorstellung, dass die rechte Seite der linken vorzuziehen ist. Die rechte Seite symbolisiert die Gnade Gottes. Darum werden die meisten *Mizwot* zuerst mit der rechten Hand ausgeführt.

Ich hatte dann aber zuerst den linken Schuh zuzubinden. Diese Regel leitet sich von den *Teffilin* ab, den Gebetsriemen, die am linken Arm getragen werden.

Auch im Badezimmer gibt es klare Regeln. Es geht nicht, das Toilettenpapier in die rechte Hand zu nehmen, um sich zu reinigen. Die rechte Hand bindet die *Tefillin*. Der Respekt verlangt es, diese nicht mit derselben Hand zu berühren, mit der man zuvor das Toilettenpapier benutzt hat. Hier gilt allerdings: Linkshänder tragen die *Tefillin* rechts und benutzen auf der Toilette darum die rechte Hand.

Eine Vielzahl von Regeln gibt es auch im Hinblick auf den Schabbat. Am Schabbat dürfen Juden nicht arbeiten. Was aber ist Arbeit? Die Gelehrten haben bestimmt: Etwas von einem Zimmer in ein anderes zu tragen, ist vielleicht mühsam, aber keine Arbeit, die die gebotene Schabbatruhe bricht, denn etwas im eigenen Heim zu tragen, ohne den öffentlichen Raum zu betreten, ist erlaubt. Was ist aber, wenn man am Schabbat etwas von einem Haus in ein anderes tragen möchte? Wenn zum Beispiel eine junge Mutter ihre Eltern in Nachbarhaus besuchen und dabei ihr Baby mitnehmen möchte? Prinzipiell ginge das nicht: Wer am Schabbat etwas aus seinem Haus hinaus über die Straße hinweg in das Haus des Nachbarn trägt, verrichtet eine der 39 Tätigkeiten, die nach der Mischna als Arbeit gelten und darum am Schabbat verboten sind. Die Tochter müsste also zu Hause bleiben oder aber das Baby zurücklassen. Allerdings gibt es eine Lösung: Wohnen Tochter und Eltern in einem *Eruv*, dann ist ein Besuch ohne Probleme möglich. Ein *Eruv* ist ein Gebiet, z.B. ein Stadtteil, der als von Juden gemeinsam genutzter Raum gilt und darum dem »Heim« gleichgestellt werden kann.

Allerdings nur, wenn er von einer geschlossenen Mauer umgeben ist. Die »Mauer« kann dabei auch ein Draht oder ein Seil sein, der z.B. um einen Stadtbezirk gespannt ist. Oder eine Mischung aus beidem: Als 1906 in Königsberg die alte Stadtmauer durchbrochen wurde, war der *Eruv*, den die jüdische Gemeinde in Königsberg für den Bereich innerhalb der Stadtmauer bestimmt hatte, nicht mehr geschlossen. Man behalf sich daraufhin mit einem Draht, der über die Lücke in der Mauer gespannt wurde, und sie so – im religiösen Sinne – wieder schloss.

■ ■ ■

So bilden unendlich viele Regeln zu fast allen Fragen des Lebens und des Alltags dieses Gebirge der Gesetze. Es ist zerklüftet und unwegsam. Es hat Schluchten und Abgründe, dunkle Gänge und Sackgassen. Die Rabbiner geleiten die Gemeinschaft durch dieses gefährliche Terrain. Sie forschen und erkunden, deuten und geben Rat. Aber es ist wie überall: Sie sind nicht immer einer Meinung. Was der eine für den idealen Weg zur Erfüllung der Gesetze hält, ist für den anderen der sichere Weg in das Verderben. Keineswegs gelten darum in all den Tälern des Gebirges dieselben Gebote in der gleichen Weise. Was hier unbedingte Gültigkeit besitzt, wird anderswo ganz anders gedeutet oder es findet sogar kaum Beachtung. Und die wenigsten Bewohner der verschiedenen Täler sind miteinander befreundet. Im Gegenteil: Die Hänge sind steil und die Pässe hinüber zu den anderen schwer begehbar.

■ ■ ■

»Die sind nicht richtig jüdisch!« – Dieser Satz meines Vaters war der Warnruf meiner Kindheit und Jugend. Achtung! Hier beginnt das Territorium der anderen, derjenigen, die durch ihr bloßes Anderssein deine Reinheit in Gefahr bringen. Mit diesen Menschen darfst Du keinen Umgang haben.

Der Rabbiner mit dem Auto gehörte zu einer jüdischen Gemeinde in Lakewood, die nicht orthodox oder chassidisch war; in Deutschland würde man sie als »liberal« bezeichnen. Während für die orthodoxen Juden die Regeln der *Halacha* Gesetze sind, die wir unbedingt beachten, weil es Gott selbst ist, der uns diese Gebote gegeben hat und uns straft, wenn wir seine Gebote übertreten, sehen manche nicht-orthodoxen Juden in der *Halacha* eine Art Wegbeschreibung, nach der man sein Leben gestalten kann. Man kann sich an die Regeln halten, muss es aber nicht. Diese Juden halten die Gebote der *Halacha* für Ergebnisse historischer Auseinandersetzungen über religiöse Fragen und nicht unbedingt für Gottes unmittelbares Gebot. Die Regeln werden so eher als Weisheitslehre verstanden. Der Rabbiner der liberalen Gemeinde hätte für sich ohne Zweifel in Anspruch genommen, sich an die Regeln zu halten. Für meinen Vater stand außer Frage, dass er genau dies nicht tat. Und für mich war das alles nicht immer wirklich gut zu verstehen.

Ich erinnere mich, wie meine Schwestern und ich einmal in einem Park in Lakewood spielten. Meine Mutter passte auf uns auf. Es war nicht schwer zu erkennen, dass wir zur satmarer Gemeinde gehörten: Meine Mutter war nach Art der chassidischen Frauen gekleidet und ich trug damals selbstverständlich eine Kippa und *Pejot*, die für die Chassidim so typischen Schläfenlocken.

Eine Frau sprach uns an. Sie war sicher kein Mitglied der Orthodoxie, so modisch und säkular, wie sie angezogen war. Sie sei auch jüdisch und komme aus Israel. Eine Jüdin, die aussah wie eine der Frauen, die auf Bildern in den Schaufenstern der Geschäfte der *Goyim*, der Nichtjuden, zu sehen waren? Wir glaubten ihr nicht und sagten das auch.

»Doch«, beharrte sie. »Ich beweise es euch. Ich kann wie ihr ganz viele religiöse Texte auswendig.« Und sie begann, den Anfang der Mischna zu zitieren. Ich war beeindruckt und irritiert zugleich, als meine Mutter hinzukam und mich entschlossen wegzerrte. »Aber sie ist Jüdin!«, protestierte ich. »Sie kann die Mischna.« Sie sei eine »freie Yid«, erklärte Mutter mir. Ob sie etwas lerne oder wisse, spiele überhaupt keine Rolle. Für uns seien diese Menschen kein Umgang und wir hätten uns von ihnen fernzuhalten.

■ ■ ■

Geistige Mauern gibt es aber nicht nur zwischen chassidischen Juden und dem liberalen Judentum. Auch innerhalb der Chassidim gibt es eine Vielzahl verschiedener Gruppen, die einander manchmal alles andere als wohlgesonnen sind. Da sind die Chabad-, die Gerer, die Belzer-Chassidim und die Wischnitzer, die Bobover und die Breslover und daneben zahlreiche weitere kleinere Gruppierungen. Kennzeichnend für alle ist, dass sie sich auf einzelne *Rebbes* oder *Zaddikim* zurückführen. Diese *Rechtschaffenen* versammelten eine Anhängerschaft um sich und begründeten als charismatische Gestalten eine

bestimmte Auslegungstradition des Judentums und

der Weise, wie Juden zu leben haben, die heute von den *Rebbes* der Gemeinschaften aktualisiert und fortgeschrieben wird.

Ich selbst bin in der Gemeinschaft der *Satmarer-Chassidim* aufgewachsen. Diese führen sich zurück auf Rabbi Joel Teitelbaum. Er versammelte ab 1905 in der rumänischen Stadt Satu Mare eine eigene Anhängerschaft um sich, die die Ablehnung einer Anpassung des Judentums an die Moderne vereinte. Es gab nämlich damals in der jüdischen Welt eine Bewegung, die sich für eine Modernisierung des Bildungswesens innerhalb des Judentums und auch für eine Öffnung ihrer Lebensweise hin zu den Lebenswelten der damaligen Zeit aussprachen. Die Juden sollten danach die Erkenntnisse der modernen Wissenschaften kennen und erlernen; ihre Lebensweise sollte sich den neuen Lebensumständen der Moderne öffnen. Insbesondere vertrat diese Strömung innerhalb des Judentums auch eine neue Auffassung im Hinblick auf die Torah. Diese sei nicht das unmittelbar göttliche Wort, das Moshe am Sinai gegeben wurde, sondern ein von Menschen über einen längeren Zeitraum hinweg geschaffenes religiöses Werk. Auf diese Weise machte sich dieses neue Denken innerhalb des Judentums, die so genannte »jüdische Aufklärung« die Erkenntnisse der historisch-kritischen Bibelwissenschaften, wie sie in der christlichen Theologie erworben worden waren, zu eigen.

Teitelbaum und seine Anhänger lehnten all das, wie viele andere orthodoxe Juden es taten, ab. Sie hielten an einem wörtlichen Verständnis der Torah und einer strengen halachischen Praxis im Judentum fest. Die Gruppe wuchs schnell und Teitelbaum hatte eine große Gefolgschaft, als der II. Weltkrieg ausbrach. Osteuropa wurde von den Deutschen erobert und die national-sozialistische Vernichtungsmaschinerie löschte das Judentum dort beinahe vollständig aus. Auch die Satmarer-Chassidim wurden fast alle im Holocaust ermordet. Joel Teitelbaum allerdings überlebte. Er gelangte 1946 nach New York und gründete die Satmarer-Gemeinschaft mit etwa 70 Anhängern neu. Heute ist sie die größte und am stärksten wachsende chassidische Gruppe in der Welt. Satmarer-Chassidim leben in Israel, in Belgien, in Großbritannien, in Österreich und in Südamerika. Die größten Gemeinden hat die Gemeinschaft aber nach wie vor in Amerika im New Yorker Stadtteil Williamsburg, in Monsey, einem Vorort von New York, und in Kirjat Joel in Monroe im Staat New York.

■ ■ ■

»Die Grenzen meiner Sprache sind die Grenzen meiner Welt.« – Dieser Satz des Philosophen Ludwig Wittgenstein hat für mich eine besondere Bedeutung. Als ich noch ein kleiner Junge war, ich war vielleicht gerade eingeschult und etwa sechs Jahre alt, wohnten wir in einem Haus neben einem nichtjüdischen Ehepaar. Dieses hatte auch einen Sohn, der etwa in meinem Alter war. Natürlich interessierte ihn, warum wir so »komisch« sprachen, wenn er uns reden hörte. Ich erklärte, dass wir Juden seien. »Aha«, war die Antwort. »Wollen wir spielen?«

Ich freute mich über diese Einladung, aber ich wusste: Einfach rübergehen kann ich nicht. Grundsätzlich konnte ich mir meine Freunde nicht einfach aussuchen. Es gab Kinder, mit denen ich spielen durfte, und andere, die nach den
Worten meiner Eltern oder auch Lehrer »kein Umgang« für

mich waren. Was in Bezug auf meine Freundschaften innerhalb der Gemeinschaft galt, galt natürlich noch einmal mehr, wenn es um Kontakte zu nichtjüdischen Kindern ging. Ich musste zuerst meinen Vater fragen.

»Der Junge ist kein Umgang für dich!« »Aber warum nicht?«, beharrte ich. »Er und seine Eltern sind *Goyim*, Nichtjuden.« Eine weitere Erläuterung war nicht nötig.

■ ■ ■

Es ist gerade die Sprache, die in meinem früheren Leben eine weitere Schranke markierte; nämlich die zu den Menschen, die keiner jüdischen Gemeinschaft angehörten, zu den *Goyim*. In der Gemeinschaft der Satmarer wird Jiddisch gesprochen. Das Jiddische klingt für manche wie eine alte, sonderbare Form des Deutschen. Tatsächlich aber ist es keine Mundart oder ein Dialekt, sondern eine eigenständige Sprache. Vor mehr als tausend Jahren hat sie sich in den jüdischen Bevölkerungsgruppen West- und Osteuropas entwickelt. Das Westjiddisch ist heute fast ausgestorben, das Ostjiddisch aber ist die Sprache, die Rabbiner Teitelbaum und seine Anhänger aus dem Osten Europas mitbrachten, als sie nach dem Holocaust ihr Judentum in Amerika neu begründeten. Es ist die Sprache, die meine Eltern mir beibrachten. Es ist die Sprache, die meine frühe Kindheit prägte, mich in eine Gemeinschaft verwurzelte und mir vor allem in den ersten fünfzehn Jahren meines Lebens die Welt beschrieb und deutete. Und es ist die Sprache einer hermetisch geschlossenen Welt, die weniges so sehr fürchtet wie das Anderssein der anderen.

Denn dieses Andere ist gefährlich. Gefährlich nicht, oder nicht in erster Linie, weil von ihm eine konkrete **27**

Bedrohung für die Unversehrtheit von Körper oder Haus und Hof der Juden ausgehen würde, sondern weil das Anderssein der anderen, weil die Welt der *Goyim* die Reinheit der Chassidim gefährden könnte. Was aber ist Reinheit? Gemeint ist damit nicht, dass die *Goyim* schmutzig und die Juden sauberer wären. Es geht vielmehr um die kultische Reinheit der Gläubigen. Denn nur, wer im kultischen Sinne rein ist, befindet sich spirituell in einem Zustand, der es ihm ermöglicht, die *Mizwot*, die Weisungen des Ewigen, als heilige Handlungen gültig zu erfüllen. Große Teile des Talmud und der rabbinischen Literatur beschäftigen sich mit genau diesen Fragen: Was ist wann wie zu tun oder auch nicht zu tun, damit die kultische Reinheit der Glaubenden erhalten und nicht gefährdet wird oder wiederhergestellt werden kann?

Für eine Gemeinschaft, die die Mizwot zur Richtschnur ihres Seins in der Welt gemacht hat, ist der Erhalt der Reinheit in einer Umgebung, die genau diese Richtschnur gar nicht kennt, eine ungeheure Herausforderung. Denn es gibt ja vielfältige Berührungspunkte zwischen der Welt der Chassidim und der der *Goyim*. Wenn z.B. in unserer Familie, sagen wir, eine Schüssel zerbrach und eine neue beschafft werden musste, dann stellte sich sofort auch die Frage: Wann ist die neue Schüssel im kultischen Sinne rein, so dass sie im jüdischen Haushalt verwendet werden kann? Ziemlich sicher ist: Die neue Schüssel ist unproblematisch, wenn sie bei einem orthodoxen Händler gekauft und in einer jüdischen Töpferei hergestellt wurde. Wenn noch ein Stempel darauf ist, der die halachisch korrekte Produktion der Schüssel bestätigt – und mein Vater diesen Stempel als Garantiezeichen auch anerkannte –, dann sollte die Schüssel rein sein und ohne Weiteres verwendet werden können.

Was aber, wenn die Schüssel in einem ganz gewöhnlichen Kaufhaus der *Goyim* erworben wurde? Haben Nichtjuden die Schüssel hergestellt und verkauft, dann ist sie, auch wenn sie nagelneu und blitzblank ist, im kultischen Sinne unrein. Sie darf darum nicht ohne Weiteres auf den jüdischen Tisch, wenn sie nicht die Reinheit des Essens gefährden soll. Es gibt allerdings eine Lösung: Um die kultische Reinheit der unreinen Schüssel herzustellen, kann sie in einer *Mikwe* untergetaucht werden. Die *Mikwe* ist ein Badehaus, in dem jüdische Männer und Frauen durch ein Bad ihre rituelle Reinheit wiederherstellen können. In vielen Fällen gibt es dort auch ein Becken für das Untertauchen von Geschirr. Meine Mutter musste also mit der neu erworbenen Schüssel zur Mikwe gehen, dort wurde das Gefäß von allen Etiketten befreit, untergetaucht und konnte anschließend auf unserem Tisch und in unserer Küche verwendet werden.

Das Problem der Reinheit ist beim Einkauf von Geschirr also noch recht einfach zu lösen. Aber, um noch einmal auf die Nachbarfamilie zurückzukommen: Was wäre gewesen, wenn ich mit dem Jungen gespielt und dieser mir, sagen wir, ein Sandwich angeboten hätte, dass seine Mutter uns zubereitet hatte? Selbst wenn alle Zutaten dieses Imbisses koscher gewesen wären, also den Speisegesetzen genügt hätten, so hätte ich es doch nicht essen können, denn eine *Goyte*, eine Nicht-Jüdin, hätte es ohne Anleitung durch einen Juden zubereitet, möglicherweise in einer Küche, in der die Gerätschaften nicht koscher waren. Hätte ich es gegessen, ich wäre unrein geworden. Und das hätte mir gefährlich werden können. **29**

Eine Geschichte, die uns als Kinder erzählt wurde, bringt diese Gefahr drastisch zum Ausdruck: Ein Junge ist ein sehr guter Schüler der Torah und eine Freude seiner Lehre und seiner Eltern. Doch mit einem Mal, und niemand weiß zunächst warum, lassen seine Leistungen sehr nach. Er versteht nicht mehr, was er lernen soll. Eltern und Lehrer sind ratlos. Sie suchen einen Rabbiner auf, der Nachforschungen anstellt und nach einem langen Gespräch mit dem Schüler tatsächlich die Ursache für die Veränderung findet. Der Junge hat einmal auf dem Heimweg von der Schule nach Hause etwas Unkoscheres gegessen. Diese Mahlzeit hat die Reinheit und Lauterkeit seines Geistes verdunkelt. Es ist darum kein Wunder, dass er die Torah nicht mehr versteht. Erst, wenn seine Reinheit wiederhergestellt ist, wird er wieder der eifrige und gelehrige Schüler sein, der er war.

Es ist diese Angst vor Unreinheit, die die Chassidim von der Welt der *Goyim* fernhält. In den Zeitungen und Fernsehsendungen der *Goyim* werden Dinge gesagt und Bilder gezeigt, von denen, wenn jüdische Menschen sie hören oder sehen, eine verführerische Kraft ausgeht. All die unschicklich gekleideten Frauen zum Beispiel. Werden jüdische Männer durch diesen Anblick nicht zur Sünde verführt? Könnten jüdische Frauen nicht den Wunsch verspüren, ähnliche Freiheiten für sich in Anspruch nehmen zu wollen? Nun kann man Nachrichten nicht einfach in der *Mikwe* waschen. Aber man kann dafür sorgen, dass sie gar nicht erst Verbreitung finden. In der Satmarer Gemeinschaft gibt es darum eigene Zeitungen, eigene Magazine, ein Art Radio, das aber nur über das Telefon gehört werden kann, ein koscheres Internet und ebensolche Mobiltelefone.

Alle wirtschaftlichen Aktivitäten werden, soweit es irgend geht, innerhalb der Gemeinschaft organisiert und abgewickelt. Es gibt eigene Handwerksbetriebe und Bäckereien, Modegeschäfte und Buchläden, Supermärkte, einen eigenen Rettungs- und sogar einen eigenen Sicherheitsdienst. Und natürlich gibt es eigene Schulen.

Im 21. Jahrhundert existiert so eine hermetische Gemeinschaft, die Regeln folgt, die ihren Ursprung im 18. Jahrhundert haben. In diese Gemeinschaft wurde ich am Sonntag, dem 23. Dezember 1984, hineingeboren.

Bei uns zu Hause in Lakewood. Ich bin ungefähr ein Jahr alt.

II

FAMILIE

Am 31. Tag meines Lebens liege ich auf einem Silbertablett. Meine Mutter hat mich heute besonders schön angezogen. Ich trage einen weißen, sorgfältig gestrickten Strampelanzug und bin besonders geschmückt. Alle goldenen Kostbarkeiten, die die Frauen in unserer Familie besitzen, haben sie zusammengetragen und um mich herum auf dem Tablett drapiert. Dazu haben sie Zuckerwürfel gelegt, als Zeichen für die Freude über den Erstgeborenen, und frischen Knoblauch, der mit seinem strengen Geruch böse Geister fernhalten soll.

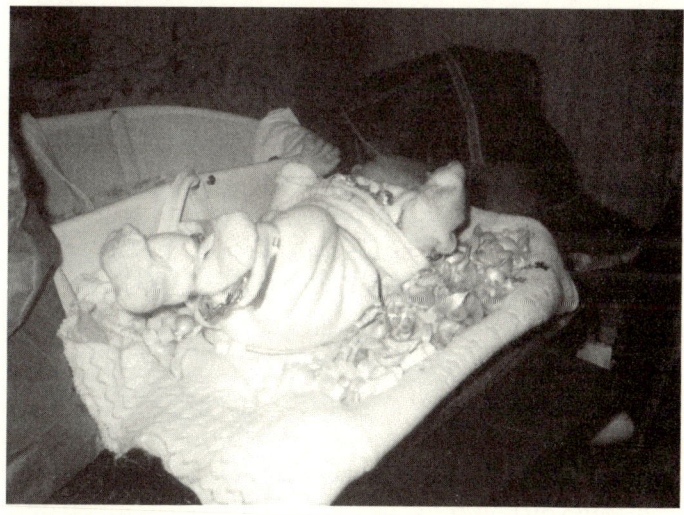

Meine Pidgon HaBen

Mein Großonkel, Rabbi Avrum Shafran, ist auch gekommen. Er ist ein *Cohen*, ein jüdischer Priester, und wird das Ritual durchführen. Ein Festessen für die ganze Familie ist vorbereitet. Nachdem die Anwesenden ihre Hände gewaschen, den Segen über mitgebrachtes Brot gesprochen und vom Brot gegessen haben, erklärt mein Vater auf Aramäisch: »Meine israelitische Frau hat mir diesen erstgeborenen Sohn geboren. Das ist mein erstgeborener Sohn. Und er ist der Erstgeborene seiner israelitischen Mutter, und Gott hat uns befohlen, ihn auszulösen.« Darauf fragt der Kohen: »Was hättest Du lieber: Deinen erstgeborenen Sohn oder die fünf Geldstücke, die Du mir zur Auslösung dieses erstgeborenen Sohnes geben musst, wie es in der Torah steht?« Mein Vater: »Ich möchte diesen meinen erstgeborenen Sohn, und somit gebe ich Dir fünf Geldstücke, die ich zur Auslösung geben muss, wie es in der Torah steht.« Und weiter sagt er zwei Segenssprüchen: »Gesegnet seist Du, Adonai, König der Welt, der uns mit Seinen Geboten geheiligt und uns befohlen hat bezüglich der Auslösung eines Sohnes. – Gesegnet seist Du, Adonai, König der Welt, der uns unser Leben gegeben, uns ernährt und es uns ermöglicht hat, diese Begebenheit zu erreichen.« Und während er die Segenssprüche sagt, übergibt er meinem Großonkel fünf Silberdollar. Darauf nimmt der Kohen einen Becher Wein und spricht: »Gesegnet seist Du, Adonai, König der Welt, der die Frucht des Weinstockes geschaffen hat.« Dann legt er seine Hände auf meinen Kopf und spricht den aaronitischen Priestersegen: »Adonai behüte dich und segne dich, Adonai wende sein Angesicht dir zu und sei dir gnädig, Adonai erhebe sein Antlitz über dir und gebe dir Frieden.«

Nun werden Zucker und Knoblauch an die Anwesenden verteilt, die diese Gaben als Glücksbringer mit nach Hause nehmen, um sie dort entweder selbst aufzubewahren oder an die weiterzugeben, die nicht dabei sein konnten.

■ ■ ■

Natürlich kann ich mich nicht erinnern. Aber so oder so ähnlich wird sie gewesen sein, meine *Pidjon HaBen*, meine Auslösung. »Alle lebenden Wesen, die den Mutterschoß durchbrechen, gehören dir. Du musst aber den Erstgeborenen bei den Menschen auslösen ... und zwar musst du die, die ausgelöst werden, im Alter von etwa einem Monat mit Geld auslösen, mit fünf Schekel, gerechnet nach dem Schekelgewicht des Heiligtums, das sind zwanzig Gera« (aus Numeri/Bemidbar 18,15-16). So hat es der Ewige bestimmt. Die Erstgeborenen Israels, die der Ewige verschonte, als er die Erstgeborenen der Ägypter tötete, sollten Dienst im Tempel Gottes tun. Aber sie beteten in der Wüste wie alle anderen das Goldene Kalb an. Nur die Leviten taten es nicht und erwiesen sich so als würdig für den Dienst im Heiligtum. Die erstgeborenen Söhne Israels aber müssen seitdem bei den Nachfahren der Leviten, den Priestern, ausgelöst werden. Auch wenn sie sich als unwürdig erwiesen, den Dienst im Tempel zu leisten, so gehören sie doch Gott. Und weil andere nun ihre Aufgabe wahrnehmen müssen, sind die Erstgeborenen bei denen, die den Dienst übernehmen, gegen einen Geldbetrag freizukaufen. Den Eltern und sogar sich selbst gehören die Erstgeborenen erst dann, wenn die festgesetzte Summe gezahlt ist. Denn es ist so: Können die Eltern – aus was für Gründen auch immer – diese Mizwa nicht erfüllen, so geht sie auf den Erstgeborenen über. Hätte mein Vater mich also nicht ausgelöst, so wäre es meine Aufgabe gewesen, dieser Weisung Gottes zu folgen.

Die Auslösung der Erstgeborenen wird es erst dann nicht mehr geben, wenn der *Maschiach* gekommen sein wird. Dann werden die Erstgeborenen ihren Dienst im Tempel wieder ausüben können. Weil aber der *Maschiach* jederzeit kommen kann, haben die Erstgeborenen schon jetzt die besondere religiöse Verantwortung, ihr Leben so zu leben, dass sie nicht unwürdig werden für diesen Dienst.

■ ■ ■

»Mama, sind wir eigentlich arm?« Als ich meiner Mutter diese Frage stelle, liegt meine *Pidjon HaBen* schon Jahre zurück. Sie schaut mich an, lächelt und wirkt doch müde: »Wir danken dem *Eibeshter*, dass wir alles haben, was wir zum Leben brauchen.«

Bei der Feier meiner Auslösung mag ich mit Gold geschmückt gewesen sein. Aber dieser Schmuck war ein Zeichen für die Würde des Rituals und nicht für den Reichtum unserer Familie. Für meine Eltern war es nicht einfach, meine *Pidjon HaBen* und die anschließende Feier auszurichten. Meine Familie war und ist auch heute nicht sehr wohlhabend. Der Grund dafür ist einfach: Wie viele Ehepaare in der Gemeinschaft haben meine Eltern keine im landläufigen Sinne anerkannte berufliche Ausbildung.

Dabei ist es nicht so, dass es in der Gemeinschaft der Satmarer keine bezahlte Arbeit gäbe. Ja, sie ist eine geschlossene Gesellschaft. Aber innerhalb der Gemeinde gibt es vielfältige Aufgaben. Chassidim arbeiten als Handwerker oder Immobilienmakler, es gibt Kaufleute, Händler, Bäcker, Metzger und viele andere bezahlte Tätigkeiten. Mein Vater aber hatte eine andere Wahl getroffen: Seine Arbeit ist das Studium der Torah.

Für Menschen außerhalb der ultraorthodoxen Gemeinschaften wirkt das sehr merkwürdig: Erwachsene, bärtige Männer, die den Tag mit fast nichts anderem verbringen, als alte Bücher zum Teil immer und immer wieder zu lesen und über das, was sie darin lesen, zu reden. Innerhalb der Gemeinschaft ist die Wahrnehmung aber eine ganz andere.

Ich erinnere mich, dass ich als kleiner Junge eine Cassette mit Geschichten über große und heilige Rabbiner besaß, die ich sehr, sehr gerne hörte. Ein immer wieder vorkommendes Thema in diesen Geschichten ist der besondere Wert, den das Studium der Torah besitzt. Eine ging so: Einmal unternahm ein sehr gelehrter Rabbiner eine Seereise. An Bord des Schiffes, mit dem er unterwegs war, waren auch viele jüdische Händler. Diese prahlten mit ihrem Reichtum. Sie zeigten die goldenen Ringe an ihren Fingern, wetteiferten darum, wer die kostbarste Brosche mit dem feinsten Edelstein an seinem Gewand trug und spotteten über den Rabbi, der nichts anderes mit sich führte als einen verschlissenen Mantel.

Da geriet das Schiff in einen schweren Sturm. Wasser drang ein und der Untergang drohte. Die Mannschaft fing an, zuerst die Ladung über Bord zu werfen, um das Boot leichter zu machen. Dann folgte das Gepäck der Reisenden. Und bald schon lagen auch die Kostbarkeiten und Schätze der Händler auf dem Meeresgrund. Als das Schiff schließlich mit Mühe und Not eine schützende Bucht erreichte, hatten alle alles verloren und nur ihr nacktes Leben gerettet.

Da ging der Rabbiner an Land und schnurstracks in die nächste Synagoge. Er dankte Gott für seine Rettung und vertiefte sich sogleich wieder in das Studium der Torah. Die Bewohner des Ortes, in der die Synagoge stand, wunderten sich. Sie sprachen den Fremden an und erkannten sogleich, dass ein großer Gelehrter und heiliger Mann zu ihnen gefunden hatte. Dieser Gelehrte hatte *Ruach Ha-Kodesch,* d.h.: Sein Geist war mit Gott in einer heiligen Weise verbunden. Der Rabbiner konnte Dinge sehen, die andere niemals würden sehen und erkennen können. Die Bewohner des Ortes boten diesem heiligen Mann an, in der Stadt zu bleiben und ihr Rabbiner zu sein. Sein Schaden solle es nicht sein.

Da kamen auch die Händler, die den Rabbiner verspottet hatten. Sie flehten ihn an, ihnen beizustehen, damit sie nicht verhungerten und zu ihren Familien zurückkehren könnten. Der Rabbiner tat, was nun in seiner Macht stand, und half denen, die sich über ihn erhoben hatten.

Und so bewahrheitete sich, was in der Schrift in Psalm 119,72 geschrieben steht: »Die Torah Deines Mundes ist mir lieber als viel Tausend Stück Gold und Silber«.

Nicht Gold und Edelsteine hatten den Rabbiner und die Kaufleute gerettet, sondern das Wissen um die Weisung Gottes. Torahgelehrte haben vielleicht keine materiellen Reichtümer, mit denen sie andere beeindrucken können; doch häufen sie einen geistigen Besitz an, der ihnen nicht selten höchstes Ansehen verschafft. So kann es durchaus sein, dass einer reichen chassidischen Familie sehr daran gelegen ist, eine Tochter mit einem jungen, vielversprechenden Torahstudenten zu verheiraten. Wenn dieser dann noch aus einer bekannten Rabbinerdynastie stammt, ist das Glück vollkommen. Um es etwas plakativ zu beschreiben: Der mit Immobilienhandel reich gewordene chassidische Schwiegervater ist stolz darauf, dass seine Tochter einen ewigen Studenten heiratet, der obendrein auch noch aus einer Familie ewiger Studenten stammt.

Warum ist das so? »Möge es Euch gelingen, euer Kind zur Torah, zur *Chuppa* und zu guten Taten zu erziehen!« So werden Eltern nach der Geburt eines Sohnes oder einer Tochter beglückwünscht. »Die Torah, die Moshe uns brachte, ist das Erbe der Gemeinschaft Jakobs« – dies soll einer chassidischen Tradition zufolge das erste Wissen sein, das sie ihren Kindern beibringen. Und das Gebot, Tag und Nacht und zu jeder Stunde die Weisung Gottes zu bedenken, ist für Chassidim nicht einfach ein frommer Satz aus alten Büchern, irgendwie gut gemeint, aber bedeutungslos für die Gegenwart, sondern der Wesenskern jüdischer Existenz. Denn die Torah ist die Vertragsschrift, auf der die besondere Beziehung der Juden zu Gott als sein auserwähltes »Königreich von Priestern und heiliges Volk« ruht. Und nicht nur das: Für chassidische Juden ist die Torah nichts Geringeres als die Grundlage und das Ziel der gesamten Existenz. Ein *Midrasch* stellt dazu fest: »Gott stellte, als er die Schöpfung vollendete, eine Bedingung: Wenn das Volk Israel die Torah annimmt, werdet ihr existieren; wenn nicht, werdet ihr ins Chaos und Nichts zurückfallen.« Und der Zohar, ein religiöses Buch aus der mystischen Tradition des Judentums, betont: »Gott schaute in die Torah und schuf die Welt. Der Jude blickt in die Torah und erhält die Welt.«

∎ ∎ ∎

Was aber bedeutet es dann, wenn diese Welt untergeht? Genau diese Erfahrung machte der Rebbe der Satmarer-Gemeinschaft, als die deutsche Wehrmacht über Osteuropa hereinbrach. Joel Teitelbaums Welt ging unter. Die Welt des osteuropäischen Judentums, des *Schtetl*, wie sie Scholem Alejchem in seiner jiddischsprachigen Erzählung von »Tefje, dem Milchmann«, beschreibt, wurde vollständig vernichtet. Alle Heimat – zerstört, alle Lieben – ermordet, alle Geschichte – vergessen, alle Sicherheit – verloren. Wie konnte das geschehen? Warum hat Gott das nicht verhindert?

Die Antwort des Rebbe: Wenn der Jude es ist, der durch die Treue zur Torah die Welt erhält und wenn diese Welt in die Hand der Feinde gegeben wird und untergeht, dann kann der Grund dafür nur sein, dass die Treue zur Torah nicht groß genug war. Die Radikalität, mit der die Satmarer-Gemeinschaft nach ihrer Wiederbegründung in New York nach 1945 die Traditionen erneuerte, am Alten festhielt und sich von allem Neuen und Anderen radikal abgrenzte, hat genau hier ihren Grund. Das Trauma des Holocaust durchzieht den Geist, das Wirken und die Atmosphäre in dieser Gemeinschaft bis heute. Es ist diese unerhörte Erschütterung und tiefgehende, existenzielle Verunsicherung, die nach Sicherheit in den Regeln und Gesetzen der Torah sucht und sie darin findet.

■ ■ ■

Was die Gemeinschaft in ihrer Gesamtheit kennzeichnet, betrifft auch das Leben meiner Familie unmittelbar. Die Eltern meines Vaters waren ungarische Juden. Beide kamen aus Miskolc (deutsch und jiddisch: Mischkolz), einer Stadt in Nordungarn. Die Familie meines Großvaters betrieb hier einen Süßwarenladen. Großvater und Großmutter lernten sich erst nach dem Krieg kennen. Meine Großmutter hatte Auschwitz überlebt, sprach aber nie über die Erfahrungen, die sie dort als junge Frau in den letzten Monaten des Krieges machen musste. Sie hatte aber ein paar Eigenheiten, die, wenn ich als Kind danach fragte, mit dem Erfahrungen »im Lager« erklärt wurden. So verstand ich nicht, warum meine Großmutter immer schon zwischen vier und fünf Uhr morgens aufstand. Das sei »im Lager« so gewesen und nun könne sie nicht mehr anders.

Auch mein Großvater war schweigsam, wenn es um die Geschichte seiner Vertreibung und seiner Zeit im KZ ging. Jedes Jahr an *Pessach* aber, wenn Juden der Befreiung des Volkes aus der Sklaverei der Ägypter gedenken, erzählte er die Geschichte seiner Befreiung aus den Händen der Nazis. Er sei in einer Art Lazarett in einem größeren Gebäude an einer Brücke gewesen, als ein Nazioffizier erschienen sei. Dieser habe den Auftrag gehabt, die Brücke und das Gebäude zu sprengen. Dem Mann sei wohl klar gewesen, dass der Krieg für die Deutschen verloren gewesen sei, und er habe wohl auch keine eindeutigen Befehle mehr gehabt. Jedenfalls habe er den Menschen in dem Haus eine Stunde Zeit gegeben, das Gebäude zu räumen. Daraufhin hätten er und die anderen Verwundeten und Kranken angefangen, sich gegenseitig über die Brücke zu helfen. Als der letzte Häftling drüben gewesen sei, habe der Nazi Haus und Brücke in die Luft gejagt. So sei er den Nazis und zugleich den anrückenden Sowjets entronnen und später nach Amerika gekommen.

Mein Großvater hasste alles Deutsche. Nie wäre ihm eine Waschmaschine von Bosch oder Miele ins Haus gekommen. Und weil Hitler einen Mercedes gefahren hatte, war dies für ihn stets die Automarke des Führers, eine Haltung, die mein Vater heute noch genauso pflegt. Als wir aber nach dem Tod meines Großvaters seine Sachen ordneten, entdeckte ich auf dem Messer, mit dem er am Schabbat stets die Schabbat-Brote geschnitten hatte, den kleinen Schriftzug »Made in Germany«. Hier hatte er wohl nicht so genau hingesehen – und auch seinen Vornamen Adolf hat er nie abgelegt.

■ ■ ■

Meine Großmutter und mein Großvater waren beide im Ostjudentum beheimatet. Aber während meine Großmutter einer satmarer Familie entstammte, stand mein Großvater dem Chassidismus eher distanziert gegenüber. Er hielt den Schabbat und viel von den Traditionen des »Heims«, der jüdischen Lebenswelt, so wie er sie in seiner Kindheit und frühen Jugend erfahren hatte. Eine Ausbildung in Torah und Talmud, wie man sie heute im ultraorthodoxen Judentum kennt, hatte er nicht erhalten, ein *Kollel* nie besucht. Er war, wie es im Judentum des Ostens üblich war, einem Beruf nachgegangen.

In seinen ersten Jahren in den USA nahm er jede Tätigkeit an, die er bekommen konnte. Weil er aber den Schabbat hielt und nicht jeder *Goy*, der ihn beschäftigte, Verständnis dafür hatte, dass er am Freitag bei Sonnenuntergang mit der Arbeit aufhörte, wurde er oft gefeuert und musste sich am Montag etwas Neues suchen. Schließlich eröffnete er zusammen mit einem Partner eine jüdische

Bäckerei und später, als die beiden sich zerstritten hatten, eine kleine Kleiderfabrik. Die Entscheidung meines Vaters, sich der Gemeinschaft der Satmarer anzuschließen, hat er im Grunde nie wirklich gutgeheißen.

■ ■ ■

Mein Vater kam zum ersten Mal intensiver mit dem Chassidismus in Berührung, als er die *Yeshiva* besuchte. Er muss etwa 13 gewesen sein, als ein Bruder meiner Großmutter ihn zu einem *Tish* von Joel Teitelbaum, dem Rebbe der Satmarer, mitnahm.

Dieses Erlebnis muss beeindruckend gewesen sein. Der charismatische Rebbe konnte einem entwurzelten Judentum in einer fremden Umgebung die schmerzhaft vermissten Traditionen des »Heims« und des Ostjudentums neu nahebringen. Es gelang ihm, den Überlebenden eine neue Identität und geistige Heimat zu geben, wobei er, so denke ich heute, sicher auch ein Judentum zeichnete, dass es *so* im Judentum nie gab. Aber was noch wichtiger war: Er konnte gerade so in all dem Ungeheuerlichen, was in Europa mit dem Judentum geschehen war, einen Sinn finden.

Es ist für Menschen, die diese Erfahrung nie machen mussten, schwer zu ermessen, was es bedeutet, wenn die Lebensgeschichten der unmittelbaren Vorfahren nicht erzählt werden können, weil diese Leben nie zu Ende gelebt wurden. Oder, vielleicht deutlicher, wenn diese Geschichten immer nur dasselbe Ende kennen: Deportation und Ermordung. So viele Möglichkeiten und Anfänge, die sich nie entfalten und zu einem Ende kommen konnten. Wie soll man das als junger, nach dem Holocaust geborener

Jude verstehen? Wie soll man begreifen, dass all die Gesichter, die einen auf alten, unter Lebensgefahr geretteten Bildern anblicken, zu Menschen gehören, die wenige Jahre, Monate oder sogar nur Tage später, nachdem die Aufnahmen gemacht wurden, in irgendeinem Wald erschossen wurden, in irgendeinem Waggon verdursteten oder deren Leichen in irgendeinem Lager verbrannt wurden?

Und wie soll ein Leben in der Gegenwart gelingen, wenn es keine Orte gibt, an denen derer, die vor einem waren, gedacht werden kann und die von diesen Menschen erzählen? Der Verlust und der Schmerz, den der Holocaust gerade in einer Gemeinschaft wie der jüdischen bedeutet, sind in Härte und Schärfe kaum zu überschätzen. Denn wie vielleicht kein anderes Volk der Welt kultiviert ja das Judentum das Gedenken, das Sich-Erinnern.

Ich vermute, dass mein Vater angesichts der Bodenlosigkeit dieser historischen Erfahrung innerhalb seiner Familie in der Deutung, die der Rebbe dem Geschehen gab, für sich eine Möglichkeit sah, das vollkommen Unzugängliche zu verstehen und damit umzugehen. Es erscheint zynisch, aber: Indem der Rebbe erklärte, der Holocaust sei kein historischer Zufall unaussprechlicher Bösartigkeit, sondern die Konsequenz eines Fehlverhaltens der Opfer, und damit den Opfern die Schuld an ihrem Schicksal gab, befreite er die, die überlebt hatten oder später geboren wurden, zugleich aus ihrer Opferrolle. Der Holocaust war möglich geworden, weil die Juden den Weisungen des Ewigen nicht gefolgt waren und dieser sie in die Hände ihrer Feinde gegeben hatte. Wenn die Juden jetzt aber der Weisung treu blieben, dann würde der Ewige sie nicht nur nicht wieder fallen lassen, nein, sie würden Hitler auch im

Nachhinein besiegen können, indem die Gemeinschaft wachse, stark werde und genau dadurch über den Nationalsozialismus triumphiere, dessen Ziel es ja gewesen sei, das Judentum zu vernichten. In der Gemeinschaft der torahtreuen Satmarer aber würde es überleben und für alle Zeiten sicher sein vor der Vernichtung.

So fand meine Vater Zugang in die Welt der chassidischen Ideen. Als Joel Teitelbaum 1979 starb, schloss er sich zunächst Yekusiel Yehuda Halberstam, dem Rebbe von Klausenburg an, später dann dem Rebbe, Reb Herschele von Spinka und wurde so zu einem Chassid.

■ ■ ■

»Der so Gewordene ist ersthafter als der so Geborene« – Menschen, die einer Tradition beitreten, leben diese oft viel intensiver und entschiedener als diejenigen, die in ihr aufgewachsen sind. Ich habe den Eindruck, dass für meinen Vater dieser Satz zutrifft. Er wollte dazugehören und er wollte es richtig und gut machen. Er wollte die *Mizwot* erfüllen und sein Lebensinhalt sollte das Studium sein. Er würde mit den Frommen der Gemeinschaft ein Jude sein, der »in die Tora blickt« und so die Welt erhält.

So erlebte ich in meiner Jugend meinen Vater als einen ernsthaften Mann von großer Frömmigkeit, der sich intensiv dem Studium widmete. Wenn er nicht in der Synagoge oder im *Kollel* war, saß er oft in unserem Esszimmer über eines der Bücher gebeugt, das er dort aus einem den Raum dominierenden großen Schrank voller religiöser Werke hervorgeholt hatte.

An alltäglichen Aufgaben beteiligte er sich auf eigenartige Weise. Er versuchte, es stets so einzurichten, dass sie ihn in seinem Bemühen darum, Torah zu lernen, nicht zu sehr unterbrachen. Zum Beispiel war beim Familieneinkauf seine Hilfe nötig. Aus einem einfachen Grund: Wir waren – ich habe noch 10 jüngere Geschwister – ein großer Haushalt. Die Einkäufe waren entsprechend umfangreich und mussten mit dem Auto transportiert werden. Meine Mutter aber hatte keinen Führerschein, weil es Frauen in der Gemeinschaft untersagt ist, Auto zu fahren. Joel Teitelbaum hatte sich stets dagegen ausgesprochen und jeden Versuch, diese Regel zu ändern, scharf und konsequent unterbunden. Also musste mein Vater mit. Er fuhr mit meiner Mutter zum Supermarkt, parkte und ließ meine Mutter aussteigen. Während sie den Einkauf erledigte, blieb er im Auto – und studierte. Um auch im Auto über eine Bibliothek verfügen zu können, hatte er sich eigens eine kleine Kiste gebaut, die zwischen die beiden Vordersitze passte und in der 6 bis 7 Bücher Platz fanden. Für meine Mutter und für uns Kinder war das nicht nur vollkommen normal, wir waren sogar sehr stolz darauf, einen so fleißig studierenden Vater zu haben.

Auf die Idee, mit seinen Kindern in den Park zu gehen, um beispielsweise mit seinem Ältesten ein wenig zu spielen, wäre mein Vater allerdings nie gekommen. Für solcherlei »Narrischkeiten« habe er keine Zeit, erklärte er lächelnd und versuchte, mir nahezubringen, welche Prioritäten er setzte: »Das sind sinnlose Dinge. Wenn du das tust, dann verschwendest du Zeit, statt Torah zu lernen.«

In dieser Haltung spiegelt sich ein ultraorthodoxes Ideal: Alles, was man tut, sollte nur diesem einen Ziel nützen: Gott zu dienen. Man aß und trank, um Kraft zu haben, die Torah zu studieren und auf diese Weise Gott zu dienen. Man schlief auch nur, um Kraft zu haben, die Torah zu lernen. Und auch in der Erziehung und im Umgang mit den Kindern sollte die väterliche Liebe und Zuwendung die Kinder auf den Weg führen, die Gebote der Torah zu erfüllen.

So brachte mein Vater mir das Schwimmen bei. Aber er tat es nicht nur der Freude an der gemeinsamen Zeit mit seinem Sohn wegen, sondern auch, weil ein Vater verpflichtet sei, seinen Sohn ein Handwerk zu lehren und ihm das Schwimmen beizubringen. So steht es im Babylonischen Talmud im Traktat Kiduschin 29a. Dass er mir kein Handwerk beibrachte, erklärte er im Übrigen damit, dass man in unseren Tagen auch mit dem Lernen der Torah ein wenig Geld verdienen könne. So sei es nicht nötig, diese Regel so streng zu befolgen. Eine Deutung, die ich ihm später gerne vorhielt, wenn ich ihm sagen wollte, dass es auch in der ultraorthodoxen Lehre Spielräume für Interpretation und Regeländerungen gibt.

■ ■ ■

Am nächsten kamen mein Vater und ich uns, wenn wir am Schabbat in die Synagoge gingen oder von dort zurückkamen. Auf diesen gemeinsamen Wegen entstand eine wohltuende Vertrautheit. Wir gingen diesen Weg stets zu Fuß. Ich, der orthodoxe Junge in schwarzer Weste mit *Kippa* und später im Anzug mit weißem Hemd, Schläfenlocken und Hut, daneben mein Vater, ebenso dunkel gekleidet mit seinem *Shtreimel* auf dem Kopf und dem Gebetsmantel um die Schultern. Ich denke heute, diese Spaziergänge waren auch für meinen Vater sehr bedeutsam in seinem Verhältnis zu mir. Hier sah er eine

Zeit, mir Gottesfurcht und die Liebe zur Torah nahezubringen. Ich kann mich nicht erinnern, dass wir auf einem dieser gemeinsamen Wege je geschwiegen hätten. Wenn er mich nicht fragte, wie meine Woche gewesen war und mich aus dem *Cheder* und später aus der Yeshiva erzählen ließ und mir erklärte, wenn ich meinte, etwas nicht verstanden zu haben, dann erzählte er mir Geschichten. Natürlich nicht irgendwelche Anekdoten. Die Geschichten hatten meistens einen religiösen Inhalt mit einer wertvollen Lehre über das jüdische Leben. Oft handelten sie von berühmten Rabbinern, die auch in schwierigen Situationen ihrem Glauben nicht abgeschworen hatten und gottesfürchtig geblieben waren. Oder es ging um Wundertaten, die die *Zaddikim* für die Menschen vollbringen konnten, die in ihrer Not zu ihnen kamen. In vielen dieser Geschichten gab es einen antisemitischen Bösewicht, den *Puriz*, der den Juden, die sich an den Rabbiner wandten, nachstellte und den der Rabbiner dann Dank seiner besonderen Nähe und Treue zu Gott, seiner *Ruach HaKodesch*, in die Schranken weisen konnte. So lehrte mein Vater mich, wie wichtig es sei, Gott zu vertrauen und fromm zu bleiben. Und zugleich machte er mir klar, wie furchtbar die Welt der Juden jagenden *Goyim* da draußen sei.

In diesen Geschichten konnte mein Vater regelrecht aufgehen. Manchmal hatte er noch nicht zu Ende erzählt, wenn wir nach Hause kamen. Dann behielt er mich an seiner Seite und brachte die Geschichte zu Ende, bevor er sich wieder seinen Büchern oder, wenn der Tisch gedeckt war, dem Essen zuwandte.

Ich genoss diese Spaziergänge, doch manchmal konnten sie auch eine unerwartete Wendung nehmen. Ich erinnere mich, dass mich einmal, als wir von der Synagoge nach Hause gingen, eine Sache bedrängte, über die ich gerne mit meinem Vater gesprochen hätte. Ich weiß nicht mehr genau, worum es ging, aber die Angelegenheit war heikel. Ich hatte eine Frage und zugleich das sichere Gefühl, dass es mir nicht erlaubt war, in dieser Sache mehr zu wissen. Ich hatte Angst vor meiner Neugier, sie schien mir unverschämt und dreist, *chuzpe*, wie wir sagten. Dennoch setzte ich an, um sogleich unsicher wieder zu verstummen.

»Was ist, mein Sohn? Was willst du sagen?«, fragte er nach. »Ach nichts. Schon gut.« Ich steckte in der Falle. »Ja, nun sage es schon!«

»Ich kann es dir nicht sagen, Tatty! Ich fürchte, dass meine Frage *chuzpedik* ist«.

»Wie bitte!?« Er wirkte irritiert. »Du hast einen Gedanken, der *chuzpedik* ist? Ich sollte dich züchtigen, auch wenn du nicht weitergesprochen hast. Weißt du denn nicht, dass nicht nur die Übertretung, sondern schon der Gedanke an eine Übertretung sündig ist!?«

Das war ein Problem! In seinem väterlichen Bemühen, mich nach den Regeln unserer Gemeinschaft auf den rechten Weg zu führen, begegnete er mir immer wieder auch mit großer Strenge. Die Schriften, aus denen die Gemeinschaft lebt, stammen aus einer Zeit, in der die Erziehung von Kindern sich nicht in erster Linie an Verständnis und zärtlicher Zuwendung orientierte. Die Bibel weiß: »Wer seinen Sohn liebt, der züchtigt ihn« (Sprüche Salomos/ Mishlei 13,24). Körperliche Züchtigung war darum bei uns – wie auch vielen anderen Familien, die ich kannte, und in der Schule – nichts Ungewöhnliches.

Meine Mutter sagte später einmal zu mir, in der Torah stehe, dass der älteste Sohn den doppelten Teil des Erbes **49** erhalten solle. Das mache Sinn, meinte sie, denn er würde die doppelte Last tragen, die doppelte Verantwortung, doppelt so viel leiden wie seine übrigen Geschwister. Bei dem ältesten Sohn würden die Eltern alle Fehler machen, darum müsse dieser für seine Mühsal einen Ausgleich erhalten. Ich war nicht nur der älteste Sohn, sondern blieb auch lange der einzige. Nach mir schenkte Gott meinen Eltern drei Töchter, bevor mein Bruder Ari zu Welt kam, der sieben Jahr jünger ist als ich.

Heute ist mir klar, dass meine Eltern sich große Mühe gaben, das Richtige zu tun, gute Eltern zu sein und ihre Kinder auf den richtigen Weg zu führen. In meiner Kindheit konnte ich das nicht immer so sehen.

Es wäre aber falsch, wenn ich sagen würde, dass ich in meiner Kindheit und frühen Jugend schon auf Distanz gegangen wäre zu der Gemeinschaft, in der ich lebte. Ich kannte ja nichts anderes, ahnte nicht, wie eine Alternative aussehen könnte. Die Wände, hinter denen ich lebte, hatten keine Risse.

Aber je älter ich wurde, umso mehr spürte ich den Druck des persönlichen Ungenügens. Das machte ein schlechtes Gewissen, einerseits. Andererseits machte es mich aber auch wütend. Warum war so vieles verboten? Warum war selbst das Denken verboten? Wie konnte es sein, dass so vieles in mir war, das offensichtlich zur Sünde drängte und dem ich wie ausgeliefert schien? Hatte Gott uns wirklich so gemacht, dass wir gar nicht anders konnten, als in die Irre zu gehen? Oder war es der Teufel, der sich in meinen Kopf schlich und mich verführte?

■ ■ ■

Meine Mutter war es, die unsere Familie organisierte. Sie war es auch, die für den Lebensunterhalt sorgte. Während mein Vater zunächst als Privatlehrer arbeitete und erst später regelmäßige Einkünfte als Richter an einem Rabbinatsgericht erzielte, betrieb meine Mutter im Souterrain unseres Hauses in Lakewood einen privaten Kinderhort. Von 9:30 Uhr morgens bis 14 Uhr am Nachmittag betreute sie dort ca. 15 Jungen und Mädchen im Alter von zwei bis drei Jahren. Als wir klein waren, hatten ich und meine drei jüngeren Schwestern auf diese Weise immer einen Haufen Spielkameraden zu Hause. Es war schön. Es war immer etwas los und meine Mutter organisierte das Ganze mit strenger, aber liebevoller Hand. Erst später, als ich älter wurde, machte sie sich im Hinblick auf meine Erziehung mehr die Sichtweise meines Vaters zu eigen, auch wenn sie diese nicht in allem teilte. Sie folgte damit dem in der Gemeinschaft so wichtigen *Midrasch*: »Was ist eine koschere Frau? Die, die den Willen ihres Mannes erfüllt.« (Tanna Devei Eliyahu Raba 9)

Sie selbst entstammte keiner chassidischen Familie. Ihre Eltern hatten sich getrennt, als sie vier war, und meine Mutter war zusammen mit ihrer Zwillingsschwester beim Bruder ihres Vaters aufgewachsen. Dieser war kein Chassid, aber wie ihr Vater auch, ein frommer Jude, der die Traditionen des »Heims« hochhielt. Darum fand sich meine Mutter in der Ehe mit meinem Vater im chassidischen Umfeld durchaus zurecht, aber die Strenge, die meinem Vater so eigen war, kannte sie in dieser Form nicht. Wenn betont wurde, dass etwas nicht getan werden durfte, dann konnte und kann sie noch heute durchaus die Frage stellen: »Warum nicht?«

Es ist, meine ich heute, diese stille Aufmüpfigkeit, mit der sie einen Widerspruchsgeist in mich hineinlegte, der mich später auf den Weg führen würde, den ich gehen musste.

III

EINPASSUNG

Ein Foto: Ich sitze auf einem Stuhl. Ich trage einen durchsichtigen Plastikumhang. Mein Vater macht sich mit einem Rasierapparat an meinem Kopf zu schaffen. Ganz offensichtlich gefällt mir das gar nicht. Was ist da los?

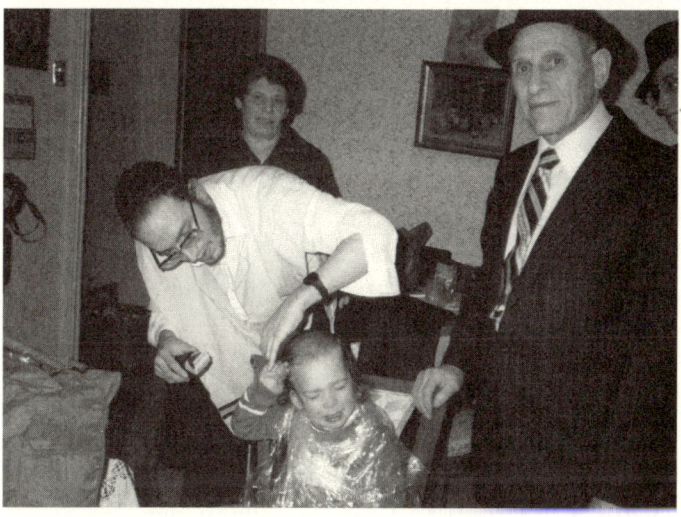

»Heute ist ein besonderer Tag«, hatte meine Mutter mir am Morgen verschwörerisch lächelnd zugeflüstert. »Wir ziehen dich jetzt schön an. Dann kommen Zaidy und Babby und später fahren wir alle zusammen in den *Cheder*, in die Schule!« Die Eltern meines Vaters kommen wirklich bald. Auch sie sind auf dem Bild. Großvater ganz unchassidisch im dunklen Nadelstreifenanzug mit modischer Krawatte und einem Hut, wie ihn Frank Sinatra hätte tragen können.

Großmutter im feinen Kostüm, mit einem für unsere Verhältnisse unerhört gewagten, klitzekleinen V-Ausschnitt.

Die Zeremonie beginnt. Man setzt mich auf den Stuhl und hüllt mich in den Plastikumhang. Ich wundere mich, dass ich eine Kippa aufgesetzt bekomme, die ich sonst nur bei meinem Vater und den anderen erwachsenen Männern kenne. Alle versammeln sich jetzt um mich, lächeln mir aufmunternd zu, jemand hat eine Cassette mit jiddischen Liedern eingelegt. Mein Vater nimmt eine Schere, fasst eine Locke an meiner Stirn und schneidet sie ab. »Hier, Akiva, wirst du, wenn es Zeit ist, die Tefillin auf deiner Stirn tragen.« Dann gibt er die Schere weiter. Mein Großvater schneidet eine Strähne ab, dann mein Onkel und so machen es nach und nach all die anderen. Bald habe ich nur noch an den Schläfen lange Haare und auf dem Kopf nichts als Stoppeln. So richtig scheinen mir meine neue Frisur und die Situation aber nicht zu gefallen, wie man auf dem Bild leicht sehen kann.

Ein zweites Foto: Ein kleiner Junge, mit Kippa und Pejot, Schläfenlocken, auf dem Arm seiner Mutter. Mein Blick ist ernst, skeptisch und ein bisschen wütend.

»Na, komm schon«, lächelt mein Vater. »Heute ist ein wichtiger Tag für dich! Wir fahren jetzt in den *Cheder*. Du wirst dort schon erwartet!«

Ich erinnere mich, dass die Fahrt zur Schule mir Angst machte. Bevor wir uns ins Auto setzten, hatte mein Vater seinen *Tallit*, seinen Gebetsmantel, um mich gelegt und mich so auf den Arm genommen, dass ich, mit dem Mantel über dem Kopf an seine Schulter gelehnt, nichts mehr sehen konnte. In Dunkelheit gehüllt, aber von seinem Arm gehalten, hatte er sich mit mir dann ins Auto gesetzt

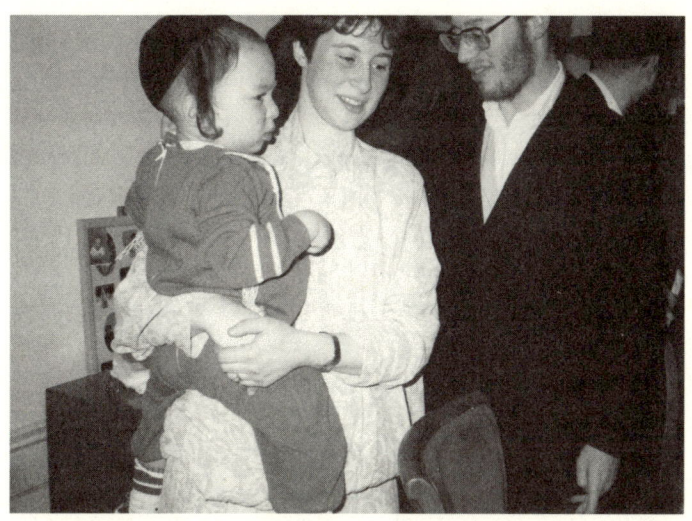

und während der Fahrt beruhigend auf mich eingeredet. »Du brauchst keine Angst zu haben. Wir haben eine Überraschung für dich vorbereitet, und damit sie richtig schön wird, darfst du auf dem Weg zur Schule nichts sehen, was unrein ist!«

Im Cheder angekommen, begrüßen uns noch weitere Verwandte. Ich werde in einen Raum gebracht, in dem eine Gruppe von Schülern, die alle schon älter sind als ich und ebenfalls Kippa und Schläfenlocken tragen, offensichtlich auf mich wartet. Auch der Rebbe der Klasse ist da. Man setzt mich auf seinen Schoß und der Rebbe legt ein laminiertes Blatt mit den Buchstaben des hebräischen Alphabets vor mir auf den Tisch. Er bestreicht die Zeichen für Alef, Mem und Taf mit Honig. Zusammen stehen diese Buchstaben für das Wort »emet«, das »Wahrheit« bedeutet. Jetzt darf ich den Honig von dem Blatt lecken.

»Akiva! Nimm dies zum Zeichen, dass die Worte der Torah wahr und so süß wie Honig sind.«

55

»Wenn ihr in euer Land kommt und Obstbäume pflanzt, sind die Früchte drei Jahre lang unrein und dürfen nicht gegessen werden. Im vierten Jahr sollen alle Früchte als Dankopfer mir, Adonai, geweiht werden. Ich bin Adonai, euer Gott!« (Wajikra/Levitikus 19,23)

Diese Verse bilden den Hintergrund für das für mich im Wortsinne einschneidende Ereignis im Frühjahr 1987, bei dem die beiden Bilder aufgenommen wurden. In Bibel und Halacha wird das Bild des Baumes gerne herangezogen, um zu verdeutlichen, welche Wirkung die Nähe und Zuwendung Gottes auf den Menschen haben bzw. umgekehrt, welche Folgen es hat, wenn der Mensch sich von den Geboten Gottes abwendet und sich nicht an diese hält. Ein Frommer, der die Gebote Gottes Tag und Nacht bedenkt, ist »wie ein Baum, gepflanzt an lebendigen Wassern«. Umgekehrt läuft der, der sich von Gott abwendet, Gefahr, schlechte Früchte zu bringen, zu verdorren oder gar umgehauen zu werden.

In den Traditionen der Chassidim werden die oben zitierten Verse so verstanden, wie es auch in Deuteronomium/Devarim 20,19 gesagt ist: »Ein Mensch ist wie ein Baum des Feldes.«

Gott hat den Eltern das Kind anvertraut, damit sie sein Gedeihen ermöglichen und beschützen. In den ersten drei Jahres seines Lebens ist ein Sohn nur Empfangender. Er erfährt die Fürsorge seiner Eltern und nimmt diese an. Ab dem dritten Jahr aber ist das Kind kein Säugling mehr. Nun ist es in der Lage, nicht nur zu empfangen, sondern das Empfangene auch zurückzugeben. Nun ist die Zeit gekommen, dass der junge Mensch sich einfügt in die Gemeinschaft. Nun beginnt die formale religiöse Erziehung eines Jungen.

Symbolisch wird dieser Wandel durch das Fest des Abscherens, jiddisch *Upscherin*, begleitet. Indem ein kleiner Junge an diesem Tag die Haare so geschnitten bekommt, dass er nur noch Schläfenlocken trägt, erfüllt er seine erste *Mizwa*. Denn es heißt im Buch Levitikus/Wajikra 19,27: »Ihr sollt euer Haar am Haupt nicht rundherum abschneiden, noch euren Bart stutzen.«

Von nun an wird der Junge sein weiteres Leben lang Torah und Talmud lernen. Er wird hineinwachsen in die Regeln der Gemeinschaft zum Heil seiner Seele und der Welt.

■ ■ ■

Für mich hielt der neue Lebensabschnitt, der mit dem Fest des Abscherens begonnen hatte, zunächst nur kleine Veränderungen bereit. Meine Kleidung bekam einige neue Akzente. Ich sollte nun immer eine Kippa aufsetzen, was mir ganz gut gefiel. Schließlich war dies ein Zeichen dafür, dass ich nun ein »großer Junge« war. Außerdem zog meine Mutter mir ein Unterhemd mit Fransen an. Dieser *Tallit katan* hat an den beiden Seiten so genannte *Tzitzijot*, das sind Schaufäden, wie man sie auch an den Gebetsmänteln der Männer findet. Die Torah verpflichtet Männer, diese zu tragen, indem sie betont: »Rede mit den Kindern Israels und sprich zu ihnen, dass sie und ihre Nachkommen sich Quasten machen an den Zipfeln ihrer Kleider und blaue Schnüre an die Quasten der Zipfel tun.

Und dazu sollen die Quasten euch dienen: Sooft ihr sie anseht, sollt ihr an alle Gebote Adonais denken und sie tun, damit ihr euch nicht von eurem Herzen noch von euren Augen verführen lasst und abgöttisch werdet« (Numeri/Bemidbar 15,38-39).

Diese Kordeln bestehen aus acht Fäden und haben je fünf Knoten. Da die hebräischen Buchstaben für das Wort *Tzitzit* auch den Zahlenwert 600 repräsentieren und 600 plus 8 plus 5 die Zahl 613 ergeben, erinnern uns die Kordeln an die Zahl der Mizwot, die Gott seinem Volk gab. Und genau darum heißen die *Tzitzijot* auch Schaufäden, weil wir sie schon morgens nach dem Aufstehen, wenn wir uns anziehen, sehen und sie uns daran erinnern, dass auch der neue Tag unter den Geboten Gottes steht. Es geht also überhaupt nicht darum, die Fäden zur Schau zu stellen, sondern darum, sie anzuschauen und sich zu erinnern. Darum wird der Tallit katan auch nicht in den Bund der Hose gestopft, und an Schabbat und nach der Bar Mitzwa sogar über dem Hemd getragen. Auf diese Weise haben fromme Männer die Erinnerung an die Mizwot des Ewigen den ganzen Tag vor Augen – und alle anderen haben vor Augen, dass sie sie vor Augen haben.

Das Anziehen dieses besonderen Unterhemdes ist mit einem Segensspruch verbunden, den ich nun ebenfalls lernte und jedes Mal, wenn ich mich morgens anzog, aufsagte. Bevor das aber geschehen konnte, hatte ich mir die Hände zu waschen, und zwar bevor meine Füße den Boden des Zimmers berührt hatten. Zu diesem Zweck wurde schon am Abend vorher das so genannte »*negel vasser*« an meiner Bettkannte vorbereitet. Wenn ich aufwachte, wusch ich mir die Hände, dann schnell die Tzitzit angezogen und das Wasser, das all die unreinen Kräfte der Nacht enthielt, fortgeschüttet.

Die Frage meiner Mutter »Hast du dein negel vasser schon vorbereitet?« wurde, als ich dann älter war, ein fester Bestandteil meines Zubettgeh-Rituals. Es ließ mich die ersten Schritte in die Welt der Regeln tun, die ich nun nach und nach kennenlernen sollte.

Man darf sich das aber nicht als Zwang vorstellen. Ich erlebte dieses Ritual nicht als Druck, sondern als einen warmen Moment des Innehaltens und der Vertrautheit. Menschen, die ich liebte, brachten mir hier etwas bei, das ihnen wichtig war. Sie nahmen mich damit in besonderer Weise wahr. Ich wurde gesehen und ernst genommen.

Genau das erlebte ich auch, wenn ich nun, als »großer Junge«, das Dankgebet nach dem Essen oder die Abendgebete vor dem Schlafengehen selbst sprechen durfte. Es lag etwas vor mir, in das ich hineinwachsen durfte, in das ich hineinwachsen sollte und dem ich mich anvertraute.

■ ■ ■

Auf diese Weise hatte meine religiöse Erziehung bis zu meinem fünften Lebensjahr etwas Beiläufiges. Das Leben in der Familie mit den Eltern, den zahlreicher werdenden Geschwistern und dem großen Kreis der Verwandten war vollkommen vom Glauben an die unmittelbare Gegenwart Gottes grundiert und durchdrungen. Gott war niemand, den es irgendwo in einem fernen Jenseits gab. Er war da, sah, was man tat, hörte, was man sagte, ja, bemerkte sogar, was man dachte. Das war nichts Besonderes, sondern so normal wie die Luft, die man atmete. Wir hörten die Geschichte von dem berühmten Rabbiner, dem sein Vater einst angeboten hatte: »Ich gebe dir 5 Goldstücke, wenn du mir sagst, wo Gott ist.« Darauf der früh schon besonders gesegnete Sohn: »Und ich gebe dir 10, wenn du mir sagst, wo er nicht ist.« So erfuhr ich es.

Das Lebensgefühl und die Lebenshaltung, die daraus erwuchs, war nichts, was ich als ungewöhnlich wahrnahm. Im Alltag zu beten, Segenssprüche zu sagen oder zu hören, religiöse Feste zu feiern – all das war so vollkommen alltäglich, wie das Spielen und Streiten der Kinder oder die Arbeit der Erwachsenen.

Wenn ich nicht zu Hause war, besuchte ich einen jüdischen Kindergarten. Auch dort lag das Religiöse immer in der Luft, aber nicht so, dass wir uns ständig in einem frommen Ausnahmezustand befunden hätten. Wie in jedem Kindergarten wurde gespielt und gebastelt, gesungen, getobt und gestritten. Wenn uns aber Geschichten erzählt wurden, dann kamen darin meistens biblische Helden und Heldinnen vor. Wenn wir Lieder sangen, dann erinnerten uns diese an die beständige Gegenwart und Zuwendung des Ewigen. Unsere Religion war der Raum, in dem wir lebten, und kein Ort, den man zu besonderen Gelegenheiten erst aufsuchte. Gott war selbstverständlich.

Erst, als ich im Alter von 5 Jahren von meinen Eltern in den Satmar-Cheder / »United Talmudical Academy« in Lakewood gegeben wurde, veränderte sich etwas. Religion war nun nicht mehr nur das, was den Alltag selbstverständlich begleitete, sondern wurde zu einem zentralen Lerninhalt meines Lebens. Nun sollte ich selbst auf die Wege geführt werden, die mein Vater, die frommen Männer der Gemeinde und vor ihnen so viele andere Chassidim gegangen waren.

■ ■ ■

Das zweigeschossige, mit einem Flachdach versehene Schulgebäude steht in einem leicht verwahrlosten Stadtteil von Lakewood, umgeben von Wohnhäusern in der typisch amerikanischen Vorstadtarchitektur. Nur dass diese Häuser vielleicht noch etwas größer sind als üblich, sind sie in der Regel doch das Zuhause von kinderreichen chassidischen Familien.

Das Schulgebäude selbst hat, abgesehen von einer altertümelnden Säulenballustrade und einem verschnörkelten schmiedeeisernen Treppengeländer am Haupteingang, etwas Nüchternes und Schlichtes. Die Mauern sind hellgrau, die Steine, aus denen sie errichtet wurden, sehen aus wie kleine Granitquader. Das Gebäude wirkt nicht abweisend, aber kühl. Welchem Zweck es dient, erklärt eine Aufschrift an der Fassade. Sie ist in hebräischen Buchstaben geschrieben. Man fühlt sich ein wenig an eine Burg erinnert; denen, die sich in ihre Mauern begeben, bieten diese Schutz und Sicherheit vor den Gefährdungen, die die Außenwelt für sie bereithält. Umgeben ist die Schule von einem asphaltierten Platz, der als Schulhof dient und zur Straße hin von einem mannshohen Maschendrahtzaun begrenzt wird.

Am Satmar-Cheder werden etwa 200 Jungen von einem kleinen Kollegium von Lehrern von der ersten bis zur neunten Klasse unterrichtet. Von meinem fünften bis zu meinem 13. Lebensjahr verbrachte ich hier nahezu täglich bis zu 10 Stunden.

Der Schultag begann stets mit dem Morgengottesdienst, dem *Schacharit*. Gefrühstückt hatten wir zu Hause, so dass danach der Unterricht beginnen konnte. Dieser fand bin zum Nachmittag statt, unterbrochen nur vom Mittagessen, das wir mit allen Schülern gemeinsam im Kellergeschoss einnahmen und dem eine anschließende Mittagspause auf dem Schulhof folgte. **61**

Das Ziel der Ausbildung an einem Cheder ist es nicht, die Schüler zu einem Schulabschluss zu führen, der es ihnen dann vielleicht ermöglichen würde, eine Berufsausbildung zu beginnen oder eine weiterführende Schule zu besuchen. Einziges Ziel ist es, ihnen die Fertigkeiten zu vermitteln, die sie brauchen, um ein Leben lang Torah und Talmud studieren zu können. Also lernte ich zuerst, Hebräisch zu schreiben und zu lesen, indem ich meine ersten Schritte in der Lektüre der Torah unternahm. So wurden wir gleichzeitig mit der Sprache und den Texten, die fortan unser Leben bestimmen sollten, vertraut gemacht. Bald schon kamen der Text der Mischna und dann ab der vierten Klasse auch der Talmud samt Kommentaren hinzu. Die Methode des Lernens war alt, monoton, aber effektiv. Wir lasen jedes Wort laut zunächst auf Hebräisch oder Aramäisch und dann in der jiddischen Übersetzung und durchschritten so Buch um Buch: »Vayomer Hashem – un der Eibishter hut gesugt – el Moshe – tzi Moshe – laimor – azoy tzi sugen ...«.

Nach und nach erschlossen sich mir so die Bücher, die die Fundamente der Art und Weise waren, in der wir lebten und die Welt sahen. Und ich war eifrig darin: Monatlich wurden meine Eltern über mein Verhalten und meine Fortschritte informiert. Zweimal im Jahr gab es Zeugnisse. Bewertet wurden das Schreiben des Hebräischen, die Kenntnisse in Talmud und Halacha, die Beteiligung am Unterricht, das soziale Verhalten und die Pünktlichkeit. In den Zeugnissen, die ich heute noch habe, bekam ich in keinem der Fächer weniger als 80 von 100 möglichen Punkten.

Ich war ein guter Schüler. War ich auch ein überzeugter, frei von jedem Zweifel an dem, was ich dort beigebracht bekam? Wenn ich darüber nachdenke, bemerke ich, dass ich diese Frage erst heute, nach meinem Abschied von der Satmarer-Gemeinschaft so stellen kann. In meiner Kindheit und Jugend gab es nichts, was die Selbstverständlichkeit des Erlernten und Eingeübten grundsätzlich in Frage gestellt hätte. In der Geschlossenheit der Welt, in der ich lebte, war mir der Zweifel zu jener Zeit einfach unbekannt. Natürlich, es gab Dinge, die ärgerlich und nervig waren, aber man lernte, damit umzugehen.

Ein Beispiel: Ein großes Thema in der jüdischen Küche und der koscheren Lebensweise ist die Trennung von Fleischspeisen und Milchspeisen. »Fleischiges« und »Milchiges« darf nicht miteinander vermischt werden. Ein orthodoxer Haushalt hat darum stets zwei Sortimente Küchengeschirr, gelegentlich zwei Kühlschränke und immer zwei Spülbecken. Was für das Interieur der Küche gilt, gilt in gleicher Weise für den menschlichen Körper. Auch in ihm dürfen fleischige und milchige Speisen nicht gemischt werden. Das bedeutet: Hat man Fleisch gegessen und es soll zum Nachtisch Pudding geben, dann müsste man mit dem Nachtisch sechs Stunden warten. Denn so lange dauert es nach talmudischer Tradition, bis das Fleisch verdaut und der Mensch nicht mehr »fleischig« ist. Natürlich gibt es darum in einem chassidischen Haushalt nach einem fleischhaltigen Essen niemals Milchspeisen zum Nachtisch. Aber es kann schon einmal zu einem Durcheinander kommen.

Ich erinnere mich, dass ich mir – ich war vielleicht 12 Jahre alt – einige Zeit nach einem Mittagessen gedankenlos ein Glas Kakao einschenkte und es austrank. Nach einem Blick auf die Uhr war mein Schrecken groß: Ich war noch fleischig und hatte eine Sünde begangen.

Gepeinigt von meinem schlechten Gewissen, beichtete ich meinem Vater meinen Fehltritt. Der war über meine Gedankenlosigkeit amüsiert und hatte eine Lösung: Ich solle zukünftig aufmerksamer sein, Gott jetzt um Vergebung bitten und ihm versprechen, diese Sünde nicht wieder zu begehen.

Um solchen Konflikten zu entgehen, entwickelten wir als Kinder besondere Strategien. Eine davon war die Fleischvermeidung. Wenn beispielsweise an Festtagen die Aussicht bestand, dass es irgendwann vielleicht noch Käsekuchen geben würde, waren wir an der Festtafel nicht davon zu überzeugen, auch Fleisch zu essen. Oft führte das zu heftigen Diskussionen und manchmal erklärte meine Mutter schon vor Beginn des Essens: »Es gibt heute keine milchigen Süßigkeiten mehr!«

Ganz ähnlich, wenn auch aus einem anderen Grund, verhielt es sich mit dem Essen von Brot. Orthodoxe Fromme befolgen die halachische Regel, sich vor dem Essen von Brot die Hände zu waschen und nach dem Essen des Brotes ein längeres Gebet zu sprechen. Das ganze Ritual dauert etwa fünf Minuten, für Kinder natürlich eine Unendlichkeit. Deshalb begrüßten meine Geschwister und ich es sehr, wenn bei den Familienmahlzeiten kein Brot auf den Tisch gestellt wurde, und verhandelten auch darüber sehr gerne mit unserer Mutter.

■ ■ ■

»Im Alter von 5 Jahren lernt der Sohn die Bibel; im Alter von 10 Jahren die Mischna, und im Alter von 13 Jahren alle Gebote und Pflichten.« Dieser Satz aus der Mischna, Traktat *Awot*, Kapitel 5, bildet die Grundlage für den nächsten Bildungsschritt, den die Tradition der Satmarer für Jungen vorgesehen hat. Nach neun Jahren am Satmar Cheder war ich mit den Schriften und Traditionen des Judentums, die das geistige Fundament meiner Gemeinschaft bildeten, vertraut. Aber erst, als ich nach Vollendung meines 13. Lebensjahres im Dezember 1998 meine *Bar Mitzwa* gefeiert hatte, war ich auf diese Traditionen auch in vollem Umfang verpflichtet. Als »Sohn der

Eine Aufnahme, die bei meiner Bar Mitzwa entstanden ist. Ich bin 13 Jahre alt.

Pflicht« hatte ich jetzt die Aufgabe, die Traditionen nicht nur zu kennen, sondern sie auch zu können. Mir ging es wie einem Menschen, der ein Instrument lernt. Ich war nach neun Jahren am Cheder so weit, dass ich die Noten konnte, mit einigen Instrumenten vertraut war und Kompositionen, die andere geschrieben hatten, recht ordentlich spielen konnte. Aber für einen Chassid genügt das nicht. Jetzt ging es darum, das Komponieren zu erlernen. Ich hatte in der Welt der Regeln meinen eigenen Weg und meinen eigenen Platz zu finden. Zu meinem Seelenheil und zum Wohl für die Welt.

Also verließ ich den Cheder und begann das, was in der chassidischen Gemeinschaft als Hochschulausbildung gilt. Ich besuchte zunächst die *Mesivta* in Lakewood, um mit 14 nach Monsey, unweit von New York, an die Yeshiva *Ohel Yosef* zu wechseln. Mit 15 ging ich an die Yeshiva *Chaye Torah*, die auch in Monsey liegt. Mit 17 wechselte ich noch einmal für ein halbes Jahr an die Yeshiva der Satmarer-Gemeinschaft im New Yorker Stadtteil Queens, bevor ich mit 18 nach Israel ging. Die Entscheidung für diese häufigen Wechsel traf meine Familie nicht immer freiwillig. Je älter ich wurde, desto mehr traute ich mich, Fragen zu stellen. Das kam oft nicht gut an. Der Leiter einer Yeshiva brachte es einem Onkel gegenüber so auf den Punkt: »Wir haben Schüler, die weniger fleißig sind als Akiva, und wir haben solche, die weit mehr Unsinn treiben als er. Aber er ist ein *Manhig*, ein Anführer. Wir können ihn nicht hierbehalten.«

In dieser Synagoge hätte ich eigentlich nicht sein dürfen:
Es gibt Kerzenständer, die mit Davidsternen geschmückt sind!

■ ■ ■

Waren im Cheder meine Tage schon vom Lernen der
Schriften bestimmt gewesen, so gab es in der Yeshiva nun
gar nichts anderes mehr als die Beschäftigung mit Torah,
Talmud und deren Auslegung. In manchen Wochen im
Jahr wurde an 18 Stunden am Tag über nichts anderes
gesprochen als über Heilige Texte und darüber, wie die
Weisen und Gelehrten sie gedeutet hatten.

Ich stand um vier Uhr in der Früh auf, besuchte wie
alle Chassidim die *Mikwe*, um das rituelle Reinigungsbad
mit dem siebenmaligen Untertauchen zu nehmen, und
ging in die Yeshiva Dort lernte ich allein oder mit einem
Lernpartner die chassidischen Texte, die unsere Lehrer
zu lernen uns aufgetragen hatten. Dann fand der tägli-

che Gottesdienst statt. Erst danach gegen 9 Uhr gab es Frühstück. Danach folgten die *Schiurim*, die Unterrichtsstunden. In der Regel bekamen wir am Morgen einen Vortrag über einen festgelegten Abschnitt des Talmud oder eine Auslegung von Torah und Talmud. Nach einer mittäglichen Pause folgte am Nachmittag und Abend die Wiederholung des am Vormittag Gehörten. Die Methode für diese Wiederholung ist die Arbeit in Zweiergruppen. Die Partner lesen den am Vormittag gehörten Text noch einmal, diskutieren seinen Inhalt und fragen nach Möglichkeiten, wie die im Text aufgeworfenen religiösen Probleme möglicherweise auch anders gelöst werden können.

Wie dies vonstattengeht und welche Idee sich mit dieser Art des Lernens verbindet, kann eine kleine Geschichte deutlicher machen: Ein *Goy* kommt zu einem Talmudgelehrten und bittet ihn, ihn im Talmud zu unterrichten. »Kannst du Hebräisch?«, fragt der Rebbe. »Oh, ja!«, antwortet der Mann. »Und auch Aramäisch habe ich gelernt.« »Das ist gut«, antwortet der Rebbe, »aber unterrichten kann ich dich nicht. Du hast einen Goyschen Kopf. Du wirst nicht verstehen!« Aber der *Goy* gibt nicht auf. Er bittet und bettelt, und schließlich lässt sich der Rebbe auf einen Versuch ein. »Zwei Männer kriechen durch einen Schornstein. Als sie wieder zum Vorschein kommen, hat der eine ein sauberes, der andere ein rußiges Gesicht. Wer von beiden geht sich waschen?« »Der mit dem rußigen Gesicht«, antwortet der Goy, »das ist doch klar!« »Falsch!«, stellt der Rebbe fest. »Der mit dem schmutzigen Gesicht sieht, dass das Gesicht des anderen sauber ist. Er wird meinen, dass seines auch nicht dreckig ist. Der mit dem sauberen Gesicht aber sieht in das schmutzige seines Gegenübers und wird denken, dass auch seines nicht sauber ist. Darum wird der mit dem sauberen Gesicht sich waschen gehen. Aber versuchen wir es noch einmal: Die zwei Männer steigen aus dem Schornstein, einer mit rußigem, der andere mit sauberem Gesicht. Wer wird sich waschen gehen?« »Ach, Rebbe, das hatten wir jetzt doch schon: der mit dem sauberen Gesicht!« »Falsch!«, entgegnet der Gelehrte. »Wenn der mit dem sauberen Gesicht sieht, dass der andere schmutzig ist, wird er meinen, selbst auch ganz rußig zu sein und sich waschen gehen. Wenn der mit dem schmutzigen Gesicht das sieht, wird er wissen, dass auch er nicht sauber ist und sich ebenfalls waschen gehen. Ist doch logisch, oder?« »Ja, kann man so sehen!«, meint daraufhin der *Goy* und bittet zaghaft, es doch noch einmal probieren zu dürfen. »Gut«, antwortet der Meister. »Zwei Männer steigen durch einen Schornstein, einer kommt mit rußigem, der andere mit sauberem Gesicht zum Vorschein. Wer wird sich waschen gehen?« Unser *Goy* rollt mit den Augen und brummt: »Beide werden sich waschen gehen!« »Wieder falsch«, lächelt der Rebbe. »Keiner geht sich waschen. Denn wenn der mit dem schmutzigen Gesicht in das saubere Gesicht des anderen sieht, wird er meinen, selbst auch nicht schmutzig zu sein. Er hat also keinen Grund, sich zu waschen. Und der mit dem sauberen Gesicht wird sich auch nicht waschen gehen, weil es sein Gegenüber ja auch nicht tut.« »Himmel!«, stöhnt der *Goy*. »Bitte, Rebbe, noch einen Versuch!« »Gut! Zwei Männer drängen sich durch einen Schornstein ...« »Keiner geht sich waschen!!«, brüllt der *Goy*. »Falsch!«, lacht der Rebbe. »Denk nach! Wie soll es gehen, dass zwei Männer sich durch einen engen

Schornstein zwängen und der eine verdreckt heraus-
kommt, während der andere sauber bleibt? Die ganze
Frage ist sinnlos und man sollte sein Leben wirklich nicht
mit dem Beantworten sinnloser Fragen zubringen!«

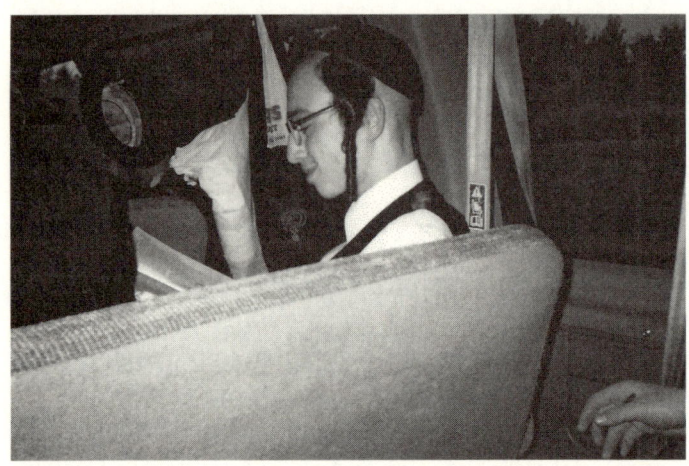

Deuteromium/Devarim 6,7: »Und sollst sie deinen Kindern
einschärfen und davon reden, wenn du in deinem Hause sitzt oder
unterwegs bist, wenn du dich niederlegst oder aufstehst.« –
Ich lese unterwegs im Talmud.

Es scheint, als beschriebe diese Geschichte ziemlich genau, worum es ging, wenn wir am Nachmittag die Vor-
lesungen des Vormittags zu zweit talmudisierend noch
einmal durchgingen. Die Texte behandelten religiöse
Probleme: Wie waren in bestimmten Situationen die 613
Regeln, die uns der Ewige am Berg Sinai gegeben hatte,
anzuwenden? Unsere Aufgabe hätte es sein können, nicht
nur nachzuvollziehen, welche Antworten die Gelehrten
gefunden hatten und wie sie diese begründeten, sondern
70   mit Hilfe der Kenntnisse an Texten und Traditionen, die

wir unterdessen erworben hatten, auch nach eigenen Lösungen zu suchen. Die Methode dabei ist der stetige Wechsel der Perspektive, die auf Dauer gestellte Frage: Aber könnte es nicht auch anders sein?

Tatsächlich hatte der Unterricht diese rationale Perspektive gar nicht. Der Sinn des Lernens von Torah und Talmud ist nämlich nicht in erster Linie, die Anwendung der Regeln zu lernen, sondern das Lernen selbst. »Und lass das Buch dieses Gesetzes nicht von deinem Munde kommen, sondern betrachte es Tag und Nacht« (Josua/ Yehoshua 1,8). Darum ging es: um das Lernen um des Lernens willen.

Innerhalb der Grenzen unserer Traditionen wurden wir auf diese Weise allerdings durchaus zum eigenständigen Denken aufgefordert und ermutigt. Gedacht werden durfte wirklich alles, sofern sich die Argumente auf die chassidische Tradition berufen konnten und man nicht klüger sein wollte als der Rabbiner. Ich bin heute sehr dankbar für die Schule des Denkens, durch die ich auf diese Weise gegangen bin. Ich bin sicher: Es gibt keine andere Ausbildung, bei der man so intensiv zu argumentieren und sich auseinanderzusetzen lernt.

Das Ganze machte durchaus Spaß, gerade dann, wenn man in seinem *Chavruta*, seinem Lernpartner, ein ebenbürtiges und interessiertes Gegenüber hatte. Die Partner wurden nämlich am Beginn eins neuen Schuljahrs zusammengestellt und blieben dann für das Jahr zusammen. Auf diese Weise entstanden manchmal tiefe, ein ganzes Leben haltende Freundschaften. Mein Vater hatte einen *Chavruta*, mit dem er sich über 30 Jahre lang fast täglich austauschte. Entweder sahen sie sich im *Bet Midrash*, im Lehrhaus, oder sie telefonierten miteinander. Dabei sprachen sie nicht nur über Entdeckungen, die sie in alten Texten gemacht hatten, oder erörterten Fragen, die sie an diese alten Texte hatten, sondern bemühten sich vor allem, ihr tägliches Leben, ihre täglichen Erfahrungen und das, was ihnen widerfuhr, im Lichte der Tradition nach der Maßgabe der 613 Gebote Gottes zu deuten. So hofften sie, gute Entscheidungen zu treffen, gottgefällig zu leben und nicht in die Irre zu gehen.

■ ■ ■

»Wenn ich eine Stecknadel nehme, Akiva, und sie an dieser Stelle durch den Buchdeckel treibe bis zur Seite 56b, was steht dann dort, wo die Spitze der Nadel auf das Papier trifft?« Mein Lehrer hält einen Band des Babylonischen Talmud in der Wilnaer Ausgabe von 1880 in die Höhe und tippt mit dem Zeigefinger seiner anderen Hand auf einen Punkt unten rechts. Er lächelt und ich weiß, dass er diese Frage nicht ganz ernst meint. Wir haben uns jetzt vier Jahre lang täglich über diese Schrift in dieser Ausgabe mit diesem Layout gebeugt. Sie gelesen, wiederholt und über ihre Inhalte diskutiert. Wir haben sie Stunde um Stunde inhaliert. Tatsächlich gibt es Schüler, die ein so gutes fotografisches Gedächtnis haben, dass sie die Stelle, auf die die Spitze des Nagels trifft, zitieren könnten. Ich kann es nicht. Aber das ist nicht schlimm.

Die Frage war als auflockernder Scherz am Beginn meiner Prüfung gedacht. Dabei bin ich gar nicht nervös. Ich weiß, dass nicht viel schiefgehen kann. Ich bin jetzt 17 und habe seit vier Jahren Unterricht in einer Yeshiva. Ich durchlaufe eine Ausbildung, die es mir einerseits ermöglichen soll, mein Leben so zu führen, dass es geheiligt ist durch die Befolgung der Gebote Gottes. Und andererseits soll ich die Fähigkeit erwerben, auch anderen zu raten und sie bei der Befolgung der Gebote zu unterstützen. Eine mögliche Konsequenz dieses Bildungsweges ist es, dass die Studierenden an dieser Yeshiva irgendwann zu Rabbinern ernannt werden, also zu Männern, die in der chassidischen Gemeinschaft bestimmte halachische Fragen beantworten dürfen. Und darum geht es jetzt. Ich soll zeigen, was ich kann, damit ich meinen ersten »Zettel«, wie wir Schüler die Rabbinerernennung nannten, bekommen kann. Ich bestehe die Prüfung vor den Lehrern der Schule und vor anderen Rabbinern und bekomme meinen »Zettel«. Ich habe gezeigt, dass ich mich in den Speisegesetzen auskenne und Kosheres von nicht Koscherem unterscheiden kann. Ich weiß, wie man Fleisch mit Salz und Wasser koscher macht, wie man ein Tier schlachten muss, damit es koscher ist, und welche Makel Fleisch und Innereien eines geschlachteten Tieres nicht haben dürfen. Ich kann nun halachische Fragen gültig beantworten. Aber ich bin nicht fertig mit dem Studium.

Ich habe nicht mehr als ein erstes Etappenziel erreicht auf einem Weg, der keine Ende hat. Mit 26 werde ich in Israel einen weiteren »Zettel« bekommen, mit 27 einen dritten, und wäre mein Weg nicht so anders verlaufen, vielleicht wären noch weitere gefolgt. Vielleicht hatte ich wie mein Vater Jahr um Jahr meine Studien vorangetrieben, nicht, um sie abzuschließen und irgendwann »fertig« zu sein, sondern allein, um immer tiefer einzudringen in das Gebirge der Regeln, das nach innen die Lebenswirklichkeit in der Gemeinschaft der Satmarer bestimmt und nach außen dafür sorgt, dass sie so aus der Zeit gefallen wirken.

Vielleicht wäre ich zu einem dieser hochgeachteten heiligen Chassidim geworden. Zu einem der Rabbiner, die in der Welt der Regeln so sehr beheimatet sind, dass sie für jedes religiöse Problem eine Lösung und für alle menschliche Not einen Rat finden, ein bisschen naiv, ein bisschen verschmitzt, aber immer heiter und menschenfreundlich. Zu einer Gestalt, von der ein Leuchten ausgeht.

Andererseits, wenn ich es heute bedenke: Fehlte mir dazu nicht damals schon das Talent? War ich wirklich dazu geboren, ein lebendiger Stein in der Wand zu sein, die uns, gebaut mit einem Mindset aus dem Mittelalter, vor der Außenwelt schützte und nach innen so viel Sicherheit und Geborgenheit gab? Ich zweifle daran, denn zu sehr spürte ich schon damals die Spannungen und die Schatten, die über allem lagen.

IV

SCHATTEN

Zusammen mit einem Freund bin ich in Lakewood auf dem Weg vom Cheder nach Hause. Wir sind vielleicht 9 oder 10 Jahre alt. Mit Schläfenlocken und Kippa sind wir gut als orthodoxe Jungs zu erkennen. Wie immer gehen wir zu Fuß und wie immer kommen wir an dieser Kreuzung vorbei. Eine junge schwarze Frau wartet dort und beobachtet, wie wir näherkommen. Als wir fast bei ihr sind, dreht sie sich mit einem Mal um, zieht ihre Jogginghose herunter und zeigt uns ihren nackten Po. Im Wegrennen hören wir, wie sie laut hinter uns her lacht.

Verstört erzähle ich meinem Vater von diesem Vorfall. Er blickt mich ernst an: »Du musst wissen, Akiva, es gibt *Goyim*, die uns nicht mögen. Wir sind anders als die anderen und diese Frau wollte dir zeigen, dass sie dieses Anderssein nicht haben will.«

■ ■ ■

Es ist nicht gerade alltäglich, aber wie ich heute weiß, ist das so genannte »Mooning«, bei dem man einem Gegenüber seinen nackten Hintern zeigt, in manchen Südseeregionen und auch in Amerika eine durchaus gebräuchliche Geste, um Missfallen, Spott oder Verachtung zum Ausdruck zu bringen. Mein Vater hatte Recht: Diese Frau wollte uns zeigen, dass sie uns verabscheut.

Aber warum tat sie das? Weil wir Juden sind und sie eine Antisemitin ist? Ich bin nicht sicher.

Lakewood ist keine reiche Stadt. Etwa ein Viertel der Bevölkerung gilt als arm und das Durchschnittseinkommen ist bei den Bewohnern um etwas mehr als 25% niedriger als das Durchschnittseinkommen aller Amerikaner. Auch die Frau an der Kreuzung gehörte sicher nicht zu den wohlhabenden Bürgerinnen meines damaligen Heimatortes.

In diesem bescheidenen Umfeld lebt eine große jüdische Gemeinschaft, die sich anders kleidet als die anderen, die eigene Schulen und eigene soziale und wirtschaftliche Netzwerke hat. Ihre Mitglieder sind freundlich; aber denen gegenüber, die nicht ihrer Gemeinschaft angehören, nicht gerade zugänglich. Und dazu kommt: Sie scheinen nicht so arm zu sein wie viele andere in der Stadt. Wie sonst könnten sie so viele Kinder ernähren und in eigene, private Schulen schicken? Wie sonst könnten sie so große Häuser besitzen?

Auch das Haus, in dem wir in Lakewood lebten, war selbst für amerikanische Verhältnisse groß. Es hatte ein riesiges Wohnzimmer und eine geräumige Küche, die beide unverzichtbar waren. Denn in einem orthodoxen Haushalt werden zahlreiche religiöse Feste mit der ganzen großen Familie gefeiert. Dazu kamen diverse Schlafzimmer, ein Studierzimmer für meinen Vater und im Kellergeschoss die Räume, in denen meine Mutter ihre Kindertagesstätte unterhielt. Dennoch waren wir nicht reich. Ich erinnre mich, dass wir einmal, ich war schon älter und wir besuchten wohl Verwandte anlässlich einer Hochzeit, in einem billigen Motel übernachteten. Es war für eine meiner Schwestern und mich unglaublich zu sehen, dass es dort eine Eismaschine gab. Ein Luxus, der uns geradezu außerweltlich erschien.

Die meisten jüdischen Familien in Lakewood waren nicht vermögend. Es reichte, wie bei den meisten nicht-jüdischen Bewohnern der Stadt auch, gerade so zum Leben. Was uns von den anderen aber unterschied, war die Solidarität der Familie und einer großen Gemeinschaft, in der Besitz auch immer eine Verpflichtung anderen gegenüber bedeutet. So war es selbstverständlich, dass man einander im Freundeskreis und in der Familie Geld lieh. Durch solche Solidarität gibt es in der Gemeinschaft ein soziales Netzwerk, das dafür sorgt, dass niemand wirtschaftlich ins Bodenlose fällt.

Das ist die eine Seite. Die andere ist, dass die einzelnen Familien und die ultraorthodoxe Gemeinde als Ganze dort, wo es möglich war, auch auf staatliche Unterstützung zurückgriffen. Viele Familien bezogen z.B. Hilfen aus »Section 8«. Hierbei handelt es sich um ein schon in den 1930er-Jahren in Amerika eingeführtes Sozialprogramm, das Mietern Mietkostenzuschüsse in Form von Gutscheinen gewährt. Die gemeinschaftliche Solidarität und diese staatlichen Hilfen lassen sich gut miteinander verbinden: Wohlhabendere Mitglieder der Gemeinde kaufen Häuser und vermieten diese an ärmere Familien aus der Gemeinschaft, die berechtigt sind, Mietkostenzuschüsse zu erhalten. So wird eine Sozialleistung, die die gesamte Gesellschaft erbringt, mit der besonderen Solidarität in der Gemeinde verbunden.

Die Frau an der Kreuzung hatte mich meine Andersartigkeit im Hinblick auf die Gesellschaft, in der wir lebten, unmittelbar negativ spüren lassen. Natürlich durfte ich nicht mit dem nichtjüdischen Nachbarjungen spielen und natürlich hatte mein Vater mir die Gefahren, die von der nichtjüdischen Umwelt für meine Reinheit drohten, **77** immer wieder vor Augen geführt. Aber wenn er das tat, konnte ich mich stolz fühlen, eben als jemand, der nicht sündigte und der nicht den falschen Weg ging wie die anderen. Und nun hatte mir jemand eine Geste gezeigt, die genau das sagte: Dass ich auf dem Holzweg war, dass meine Besonderheit und Heiligkeit Hohn verdiente. Hier war ein kleiner Same des Zweifels in mich gelegt worden, so scheint es mir heute. Noch hatte dieser Same nicht gekeimt, aber er würde überdauern, und eines Tages würde er austreiben und den Boden, auf dem ich stand, sprengen.

■ ■ ■

Dass es Anforderungen der säkularen Welt an uns gab, die wir zu erfüllen hatten, auch wenn sie der inneren Logik der Gemeinschaft eigentlich widersprachen, war auch in der Schule, die ich bis zu meinem 13. Lebensjahr besuchte, zu bemerken. Der Cheder war eine private jüdische Schule. Damit man sie besuchen konnte, mussten die Eltern der Schüler monatlich 400 bis 500 Dollar Schulgeld zahlen. Die Mittel, die auf diese Weise zusammenkamen, wurden durch Zuschüsse zum Beispiel aus Stiftungen, aber auch von staatlicher Seite ergänzt. Damit diese gezahlt wurden, musste die Schule allerdings einige Auflagen erfüllen. Diese bezogen sich nicht so sehr auf die Inhalte, die unterrichtet wurden. Das amerikanische Schulsystem kennt für die verschiedenen Schulformen kaum verbindliche Curricula, und amerikanische Eltern reagieren bisweilen sehr scharf auf Bemühungen, die an Schulen gelehrten Inhalte von staatlicher Seite zu reglementieren. Es war darum gar kein Problem, das an unserem Cheder uralte Texte der zentrale Lerninhalt waren, die den Schülern mit mittelalterlichen Methoden beigebracht wurden. Darüber hinaus musste nur gewährleistet werden, dass die Schüler elementare Kenntnisse in Mathematik, in Englisch und in allgemeinbildenden Fächern wie z.B. Geografie erlangten. Dafür gab es ein paar externe Lehrer, die zwar orthodox, aber keine Chassidim waren. Wir bekamen so in den 9 Jahren, in denen ich die Schule besuchte, z.B. erst ab der dritten oder vierten Klasse nur eine Stunde Mathematik und Englisch. Das war so gut wie nichts, aber ich hasste die Mathe-Stunden trotzdem, und bis heute bin ich in der Welt der Zahlen überhaupt nicht beheimatet. Ich beherrsche wenig mehr als die mathematischen Grundlagen.

Ich erinnere mich, dass eines Tages in meinem ersten Jahr im Cheder eine Gruppe von offensichtlich nichtjüdischen Menschen die Schule besuchte. Sie besichtigten die Räume, sprachen mit den Lehrern, kamen wohl auch in den Unterricht. Am meisten interessierten sie sich aber offenbar für das Äußere des Gebäudes und für den Zustand der Einrichtung. Auch in die Mensa kamen sie. Das Essen dort war in der Regel in Ordnung, aber nichts Besonderes. Nur am Jahrestag der Rettung des Rebbe vor den Nazis am 21. des Monats Kislev gab es jedes Jahr etwas Außergewöhnliches. Dann bekamen wir Kinder Cupcakes! Der Besuch der Gruppe hatte einen ähnlichen Effekt: An diesem Tag gab es dort ein besonders leckeres Essen. Ich weiß noch genau, dass ich ein Thunfisch-Sandwich bekam, was es zuvor noch nie gegeben hatte.

Offenbar hatte die Schulaufsicht an diesem Tag einen Besuchstermin mit der Schulleitung vereinbart. Und weil die staatlichen Mittel, die die Schule erhielt, wohl in erster

Linie für die Einrichtung der Schule und für das Essen verwendet werden mussten, wurde die Ausstattung besonders unter die Lupe genommen und gab es an diesem Tag etwas ganz Besonderes in der Mensa.

Dieses Ritual wiederholte sich dann jährlich und kam mir merkwürdig vor. Warum spielten wir, die wir doch fast täglich darüber belehrt wurden, dass die Wahrhaftigkeit ein Zeugnis von der Reinheit der Seele und Heuchelei eine Sünde war, so ein Theater? Galt die Pflicht zur Aufrichtigkeit nur innerhalb unserer Gemeinschaft und brauchte man es, wenn es um den Austausch mit Außenstehenden ging, nicht so genau zu nehmen?

Bald schon sollte ich merken, dass die Sache noch viel komplizierter war. Und das hatte mit dem Bereich zu tun, der in der Gemeinschaft der Chassidim mit einem allgemeinen Tabu belegt ist und wohl gerade darum eine omnipräsente Kraft entfaltet.

■ ■ ■

Auch wenn die Satmarer eine Gemeinschaft sind, gibt es streng genommen in ihr zwei Welten: die der Frauen und die der Männer. Als kleines Kind bemerkt man das nicht. Aber wenn man älter wird, werden Dinge, die zunächst selbstverständlich waren, nach und nach mit Verboten belegt. In den Tagesstätten für Vorschulkinder, wie sie zum Beispiel meine Mutter unterhielt, spielen die Mädchen und die Jungen in einer Gruppe zusammen. Wenn es zur Schule geht, ändert sich das sofort. In der Gemeinschaft gibt es nur reine Mädchen- oder Jungenschulen. Jetzt ist es auch nicht mehr üblich, dass Mädchen und Jungen zum Beispiel nach der Schule zusammenkommen, wenn sie nicht miteinander verwandt sind. Es ist praktisch unmöglich, dass ein Junge eine Freundin oder ein Mädchen einen Freund aus einer anderen Familie zum Beispiel in derselben Straße hat. »*S'passt nicht*«, heißt es dann. Es gehört sich nicht.

Jungen und Mädchen werden nach und nach auch dazu angehalten, einander nicht mehr zu berühren, selbst dann nicht, wenn sie miteinander verwandt sind. Als ich 9 war, durfte ich körperlichen Kontakt nur noch mit meiner Großmutter, mit meiner Mutter und mit meinen Schwestern haben. Meinen Tanten durfte ich zur Begrüßung nicht einmal mehr die Hand geben. Nach der Bar Mitzwa, mit der ich im religiösen Sinn zum Mann geworden war, durfte ich auch meine Schwestern nicht mehr berühren. Andere, mit mir nicht verwandte Mädchen durfte ich nicht einmal mehr ansehen, geschweige denn mit ihnen sprechen. Denn es bestand die Gefahr, dass sie mich durch ihr bloßes Frausein zur Sünde verführten. Ich war ja nicht nur im religiösen Sinne erwachsen geworden, sondern reifte mit 13 langsam auch sexuell zum Mann heran. Was, wenn sich beim Anblick eines Mädchens diese erwachende Männlichkeit bei mir regte?

Damit wir davor geschützt waren, gab es in den Büchern, die wir im Cheder und später in der Yeshiva benutzten, keine Abbildungen von Frauen, keine Grafiken, keine Gemälde, schon gar keine Fotos. Und sogar Torah-Stellen, die eindeutig sexuelle Bezüge hatten oder sexuelle Handlungen beschrieben, lasen wir im Unterricht nicht. Was aber nicht unbedingt bedeutete, dass wir sie nicht kannten.

Schließlich war für uns Schüler – besonders als wir älter wurden – gerade das, was im Unterricht übersprungen wurde und den Ruch des Ungebührlichen trug, von ganz besonderem Interesse. Wenn es also hieß: »Mit diesem Abschnitt beschäftigen wir uns nicht«, dann war das ein Signal für manche von uns, in der schmalen Freizeit noch eine Stunde Torah-Studium zusätzlich zu absolvieren. Und es gab auch Lehrer, die uns mit der Nase auf solche Geschichten stießen. Ein Rabbiner, der uns in der 8. oder 9. Klasse unterrichtete, übersprang Stellen mit sexuellen Inhalten so pointiert deutlich, dass er uns auch direkt hätte auffordern können, sie zu lesen. Wenn dann auch die Schläfrigsten noch im Unterricht anfingen, verstohlen zu blättern, konnte man sehen, wie er sich darüber freute.

Auf diese Weise wurden wir zwar nicht aufgeklärt, aber wir wussten, wenn wir die Geschichte von Yehuda und Tammar in Genesis/Bereschit 38 lasen, dass irgendetwas, das zwischen Mann und Frau geschah, zu Nachkommen führte oder eben nicht. Die Geschichte von Dina in Genesis/Bereschit 34 berichtete von der Gewalt, die in diesen Dingen liegen konnte oder freigesetzt wurde. Und bei Rashi lernten wir, dass Avimelech, als er Yitzchak und Rivka durch das Fenster hindurch lachen sah, wusste, dass beide ein Paar waren. Ich fragte meine Mutter, wie das Lachen habe erkennen können. Sie antwortete, dass es ein besonderes Lachen gewesen sei, das es nur zwischen Mann und Frau gebe.

So blieb uns nicht verborgen, dass es zwischen Männern und Frauen eigentümliche Dinge gab; welcher Art diese Dinge genau waren, das erklärte uns aber niemand. Uns musste das »Wissen« genügen, dass, wenn ein Paar verheiratet war, die Frau irgendwann in ein Krankenhaus ging, um ein Kind abzuholen, das von Gott kam. Woher aber wusste man, wann es Zeit war, ein Kind abzuholen?

Und warum gab es Ehepaare, die offenbar kein Kind zur Abholung bekamen, was in der Gemeinschaft Anlass für Gerüchte und Getuschel gab? Und wenn man das Kind nur abholen musste, warum wurden Frauen dann manchmal mit dem Krankenwagen zum Krankenhaus gefahren und kamen später mit einem Baby im Arm nach Hause? Und warum wirkten ihre Ehemänner, wenn es ins Krankenhaus ging, so ängstlich und sorgenvoll? Es war ja nicht so, dass Babys in der Gemeinschaft eine Seltenheit waren! Ich selbst habe noch 10 Geschwister und die meisten satmarer Familien sind sehr kinderreich. Verheiratete Frauen waren darum oft schwanger und dass ihr Körper sich veränderte und nach dem Abholen des Babys dann wieder anders aussah, dass konnte man, wenn man nicht auf den Kopf gefallen war, schon bemerken.

So gab es bei uns durchaus Spekulationen darüber, wie es sich mit dem Kinderkriegen nun wirklich verhielt, und ein vages Wissen, dass der Penis des Mannes dabei eine gewisse Rolle spielen könnte. Also fragte ich eines Tages, ich war vielleicht 12, meine Mutter, die in der Küche am Herd stand: »Mama, ist es richtig, dass man etwas tun muss, um Kinder zu haben?« Sie drehte sich zu mir um, und ich sah, dass sie rot geworden war. Sie schaute mich eindringlich an, sagte dann einfach »Ja« und wandte sich schnell wieder dem Herd zu.

Das war alles und ich war so schlau wie zuvor.

Ein paar Tage später baten mich meine Eltern dann aber in das elterliche Schlafzimmer, dem einzigen Ort in unserem Haus, in dem man ungestört reden konnte. »Was genau hast du gehört?«, fragte mein Vater. »Ja, also ...«, stotterte ich herum, wohl wissend, dass ich ein Tabu gebrochen hatte. Ich fürchtete ein Donnerwetter.

»Nun sag' schon!«, forderte er mich auf. »Der Mann, …, der Mann muss mit seinem Glied die Frau berühren!?« »Aha«, meinte er. Und nach einer nachdenklichen Pause: »Das stimmt. Mann und Frau müssen in einer bestimmten Weise zusammenkommen, damit ein Kind entstehen kann. Das hat Gott so gewollt und es ist ein großes Wunder und Zeichen der Macht und Liebe des Ewigen. Gott will aber auch, dass nur erwachsene Eheleute darüber Bescheid wissen, und er hat bestimmt, dass Jungen in deinem Alter sich um diese Fragen nicht zu kümmern haben. Du wirst mehr darüber erfahren, wenn du älter bist.«

Damit war das Gespräch beendet. Meine Eltern hatten mir das bestätigt, was ich ohnehin wusste, aber nicht mehr gesagt. Das war sehr typisch für beide und was ich an ihnen enorm schätze: Sie hätten und haben mich nie belogen. Die Wahrheit gab es aber immer nur in so dosierten Portionen, wie sie meinten, dass sie für mich zu verstehen waren.

Ich hatte nach diesem Gespräch ein weiteres Thema auf der Liste der Dinge, über die ich mehr erfahren würde, wenn ich älter war. Denn das war typisch für meinen Vater: Wenn ich ihm eine Frage stellte, die er nicht oder nicht sofort beantworten wollte, meinte er: »Frag' mich noch einmal, wenn du älter bist.«

■ ■ ■

Ich lebe von meiner Familie getrennt in Monsey und wohne bei einem meiner Cousins. Ich besuche die Yeshiva Die Tage sind lang dort, das Studium anstrengend und die Atmosphäre von Strenge bestimmt. Meine Kommilitonen und ich sind um die 16 Jahre alt und auch wenn wir orthodoxe Jugendliche sind, so sind wir eben doch Jugendliche. Junge Männer, die Grenzen testen und sich selbst entdecken wollen, die zumindest so tun, als wollten sie sich nicht mehr alles sagen lassen. Auf den Übermut, das erwachende Selbstbewusstsein und die Provokationen der Schüler reagieren Schulleitung und Lehrer mit Härte. Die Augen des *Mashgiach*, des Aufsehers, sind überall. Er hat die Aufgabe, dafür zu sorgen, dass wir uns an die Regeln halten: an die der Yeshiva und an die, die der Talmud uns vorschreibt. Unordentliche Kleidung? Er wird es der Schulleitung melden. Freche Antworten? Das Gespräch mit der Schulleitung ist garantiert. Verräterische Flecken im Bettlaken? Selbst das Intimste bleibt nicht verborgen.

■ ■ ■

»Es ist verboten, Sperma sinnlos auszuscheiden. Das ist eine schwerere Sünde als jede andere in der Torah. Wer masturbiert und dabei nutzlos Samen ausstößt, begeht nicht nur eine schwere Sünde, sondern derjenige, der das tut, wird auch mit einem Verbot belegt. Von solchen Menschen heißt es: ›Deine Hände sind voller Blut‹ (siehe Yeshayahu/Jesaja 1,15), und es wird mit dem Töten eines Menschen verglichen. Siehe, was Raschi in der Sidrah von Wajeschew über Er und Onan schrieb, die wegen dieser Sünde starben. Gelegentlich sterben zur Strafe für diese Sünde, Gott bewahre, die eigenen Kinder, wenn sie noch jung sind, oder sie wachsen zu Bösewichten heran, während der Sünder verarmt.«

Der »Kitzur Shulchan Aruch« von Rabbi Shlomo Ganzfried lässt in Kapitel 151 keinen Zweifel: Männer, die masturbieren, begehen ein Verbrechen am Leben. Der Same, den sie vergeuden, hätte im Mutterleib zu einem Menschen werden können. Ihre Tat macht sie vor Gott unwürdig. Sie laufen Gefahr, dafür von Gott mit dem Tod bestraft zu werden, ja, sogar das Leben ihrer Kinder setzen sie aufs Spiel.

Natürlich kannte ich diesen Text als Jugendlicher nicht. In der Welt, in der ich mit 16 Jahren lebte, sprach man nicht über »Sperma« oder die Vergeudung von »Samen«. Und doch war diese Welt von dem Geist, der in Rabbi Ganzfrieds Worten zum Ausdruck kommt, bestimmt, ja, geradezu besessen. Oft war die »große Sünde« Thema, ohne aber, dass uns genau gesagt wurde, worum es dabei eigentlich ging. Wir sollten uns nicht anfassen. Wir sollten unser Geschlecht nicht berühren. Eine Erektion zu haben war nicht in Ordnung. Aber war das schon Sünde? Und was war mit diesen Träumen, die kamen, ohne dass wir etwas dagegen tun konnten?

Wir spürten, dass wir uns veränderten. Eine Macht erwachte, die wir nicht kontrollieren konnten, der wir ausgeliefert waren, faszinierend und furchterregend zugleich. Aber diese Macht war gefährlich. Sie machte uns zu Sündern. Das Begehren und Verlangen, dass wir spürten, das von uns Besitz ergriff, es führte uns direkt weg von Gott, der es missbilligte und der den, der sich ihm hingab, bestrafen würde.

Die innere Anspannung, die Angst und das dauernde schlechte Gewissen, das aus diesem Rigorismus dem Unvermeidlichen gegenüber erwuchs, sind nur schwer zu beschreiben. Wir wurden verletzlich.

■ ■ ■

»Berührst du dich manchmal, Akiva?«

Der Lehrer, der mich anspricht, hat mich schon länger auf dem Kieker. Immer wieder finde ich seine besondere Aufmerksamkeit, mal lobt er mich überschwänglich, dann wieder trifft mich ein strenger Tadel. Hatte der *Mashgiach* etwas bemerkt? Hatte er ihn auf mich angesetzt?

Vielleicht war das aber auch gar nicht nötig. Wir schliefen in einem Schlafsaal und mir war ziemlich klar, dass nicht nur ich mit meinem Begehren rang und Bedürfnisse hatte. Ging er einfach davon aus, dass auch ich tat, was viele anderen taten?

»Ich möchte, dass du aufhörst zu sündigen. Du weißt, dass du damit vom Weg abkommst und in die Irre gehst. Was du tust, findet kein Wohlgefallen bei Gott!«

Ich nickte beschämt: »Aber was soll ich tun?«

»Du nimmst dir einen Kalender zur Hand, und in diesen trägst du ein, an welchen Tagen du die große Sünde begangen hast.« Zweifelnd sehe ich ihn an. Warum soll mir das helfen, mich zu beherrschen? »Wenn du dir den Kalender anschaust, wirst du sehen, wann du schwach bist. Du kannst dich dann mehr anstrengen und dich, wenn der Teufel dich verleitet, besser zur Wehr setzen. Es ist ein Kampf, den du gewinnen kannst, wenn du deinen Gegner und die Macht, die er über dich hat, besser kennst und genau beobachtest, glaub mir!«

■ ■ ■

Ich besorgte mir einen Kalender und trug gewissenhaft ein, an welchen Tagen ich sündigte. Und es machte mich verrückt. Mal gelang es, ein paar Tage durchzuhalten. Dann gewann der Teufel wieder. Ich strengte mich an. Ich bemühte mich ernsthaft, aber es funktionierte nicht.

Besonders die Nachmittage am Schabbat waren furchtbar. Nach dem mittäglichen Schabbatmahl hielt die ganze Familie eine Mittagsruhe, bevor die männlichen Familienmitglieder zum Nachmittagsgottesdienst aufbrachen. Die Ruhe im Haus, die behagliche Trägheit in der Stille meines Zimmers nach dem guten Essen und dem guten Wein. Der Teufel hatte leichtes Spiel.

Im Gottesdienst dann die Scham mit voller Wucht. Konnte nicht jeder sehen, was ich getan hatte? Konnten die anderen es nicht sogar riechen? Nein, nein, ich würde mich noch mehr anstrengen!

Aber warum war ich nur so schwach? Warum hatte Gott den Menschen nicht einfach anders gemacht? Wollte er, dass wir schuldig wurden?

■ ■ ■

Der Lehrer spricht mich wieder an, freundlich lächelnd, fürsorglich. Er möchte meinen Kalender überprüfen. Ich fühle mich unbehaglich. Aber er meint es doch gut mit mir. Er will mir nur helfen, dass ich stärker werde und der Sünde widerstehen kann.

»Komm, ich will dir etwas zeigen«, fordert er mich auf. Er geht voran und ich folge ihm zögernd auf die Männertoilette. Er geht in eine Kabine und drängt mich, ihm zu folgen. Er schließt die Tür und stellt sich davor. Er zeigt auf ein Graffiti, dass jemand auf die Kabinenwand gekritzelt hat. Es ist die Skizze einer nackten Frau, kaum als solche zu erkennen, aber er pocht jetzt drängend mit dem Zeigefinger darauf.

»Und? Was macht das Bild mit dir? Wirst du hart, bekommst du einen Ständer?«

Ich bekomme Angst. Was soll das hier? Warum sind wir hier und warum wirkt er, der gerade noch so einfühlsam schien, mit einem Mal so anders, so bedrohlich?

Im nächsten Moment greift er mir in den Schritt.

Ich werde panisch, ich will das nicht. Ich kann hinter ihn greifen, die Tür aufstoßen, ihn aus der Kabine drängen und ihm entkommen.

Ich erzähle dem Oberrabbiner der Yeshiva was passiert sei. Wenig später ist der Lehrer nicht mehr bei uns. Er sei zu einer anderen Yeshiva gewechselt, heißt es.

Ich verstand das nicht. Warum erfuhr niemand, was geschehen war? Warum wurde der Lehrer nicht zur Rechenschaft gezogen? Warum galten für die Lehrer offenbar ganz andere Regeln als für die Schüler?

■ ■ ■

Ein anderer Vorfall, einige Zeit später: Ich war immer schon handwerklich ganz begabt und hatte anlässlich der Hochzeit des Enkels des Satmarer Rebbe für die Hochzeitshalle die Krone gebaut. Sie hatte an der Decke des Festsaals gehangen, wunderschön geschmückt. Mit rotem Samt und vielen Segenssprüchen behangen, hatte sie richtig Eindruck auf die Feiernden gemacht.

Ich war stolz darauf und als mir jemand erzählte, ein Foto der Krone sei sogar im Internet zu sehen und mein Name erwähnt, begab ich mich mit Hilfe des Computers eines Freundes auf die Suche ins Netz. Es gab damals im noch kleinen Internet die Plattform Hyde Park, die auch Neuigkeiten aus der Welt der Chassidim verbreitete. Hier hoffte ich, meinen Namen und das Bild der Krone zu entdecken. Aber so sehr ich mich auch bemühte, ich fand nichts.

»Ich habe gesucht, aber ich habe das Foto und meinen Namen nicht gefunden«, erklärte ich meinem Kommilitonen am nächsten Tag. Der schwieg und machte ein verstohlenes Zeichen. Mist. In der Nähe saß ein *Mejshiv*, ein junger Lehrer, der in der Halle die Aufsicht führte, für Fragen ansprechbar, war aber selbst noch keinen Unterricht gab. Hatte er etwas mitbekommen? Ahnte er, dass ich heimlich im Internet recherchiert hatte?

Er ahnte es und hatte nichts Besseres zu tun, als sofort den Leiter der Yeshiva zu informieren. Dieser vermutete das Schlimmste und sah die Gelegenheit gekommen, ein Exempel zu statuieren.

Er begab sich in die Halle, wo ich gerade zusammen mit 600 Schülern saß und lernte. Er trat zu mir und brüllte: »Mir ist zu Ohren gekommen, dass du durchs ganze Internet geschaut hast!« Dann gab er mir eine schallende Ohrfeige und schrie: »Du bist unrein und machst nur unreine Dinge, du bist von innen und von außen unrein, und die Luft, die aus deinem Mund kommt, macht alles um dich herum unrein, man darf im Umfeld von vier Quadratmetern nicht in deiner Nähe stehen.« Das war das letzte Mal, dass mich ein Rabbiner geschlagen hat. Ich war damals fast 18 Jahre alt.

So wurde ich vor allen bloßgestellt. Ich hatte nichts Unreines getan, und dennoch wurde mir gerade solches unterstellt. Wer im Internet unterwegs, so die Logik des Rabbiners, der kann nur unreine Dinge sehen und selbst unrein werden.

Ich erinnerte mich an den Lehrer, der mich bedrängt hatte. Er hatte Schuld auf sich geladen und eine Sünde begangen. Aber er blieb ungeschoren. Ich hatte nichts getan und wurde vor allen beschämt.

Ich war wütend. Ich war verletzt. Aber die Geschichte war noch nicht zu Ende.

Meine Lehrer entschieden, dass etwas mit mir nicht stimme, und informierten meine Eltern. Die erklärten mir: »Akiva, die Yeshiva hat sich über dich beschwert und die Lehrer sagen, dass es so nicht weitergeht. Sie haben uns empfohlen, uns von einem Arzt beraten zu lassen. Wir fahren darum jetzt nach Manhattan zu einem Psychiater.«

Der Mann war kein Jude, geschweige denn orthodox. Aber es war klar, dass er schon mit der Yeshiva zusammengearbeitet hatte, und das bedeutete: Er kannte die Interessen der Schule. »Was habe ich denn?«, fragte ich ihn. »Weshalb bin ich hier, was stimmt denn mit mir nicht?«

»Hmm«, antwortete er und schaute mich aus graublauen Augen durch seine randlose Brille hindurch an. »Du bist ein wenig unruhig, Akiva. Da ist ein bisschen viel Aufgeregtheit bei dir, vielleicht auch etwas zu viel Erregtheit. Du weißt, was ich meine. ... Ich werde dir ein paar Tabletten aufschreiben, die dir helfen werden, dich etwas besser zu beherrschen.«

Ich war sprachlos. Damals hätte ich das so nicht sagen können, denn ich kannte mich in sexuellen Fragen zu wenig aus. Heute weiß ich: Man wollte mich chemisch kastrieren. Ein gesunder junger Mann mit einem eigenen Willen sollte sexuell und als Person stillgestellt, wieder zum Kind gemacht werden.

Ich ahnte, dass das nicht richtig sein konnte, als ich das Rezept aus der Hand des Arztes annahm. Zurück im

Wartezimmer bemerkte meine Mutter, die mit meinem Vater dort gewartet hatte, mein Unbehagen. »Akiva, was ist denn los?«

»Der Arzt hat nichts gefragt, wollte nichts von mir wissen, er hat mir nur ein Rezept für irgendwelche Pillen verschrieben.« »Gib her«, sagte meine Mutter, »das können wir gleich in der nächsten Apotheke einlösen.« »Nein, das braucht ihr nicht, ihr könnt das Geld sparen, ich werde dieses Medikament nicht nehmen.« »Warum nicht?« Meine Mutter wirkte verwirrt. »Weil es falsch ist. Weil ich so bin, wie ich bin und ich nicht mit irgendwelchen Pillen zu dem gemacht werden will, den andere haben wollen«, flüsterte ich, den Tränen nahe. Jetzt blickte mein Vater doch von seinem Buch auf: »Dann fahren wir jetzt wieder nach Hause.« Unterwegs hielten meine Eltern an keiner Apotheke an. Meine Eltern hatten 1.200 Dollar ausgegeben – für nichts.

Später erfuhr ich, dass manche Rabbiner Tabletten an junge Männer verteilen, um sie so vor der »großen Sünde« zu bewahren. Manchmal bleibt das nicht ohne Folgen. Es gibt Berichte, wonach Männer, die diese Medikamente genommen haben, später Probleme haben, Kinder zu zeugen. Diese Pillen unterdrücken nämlich nicht nur die sexuelle Lust, sondern sie verschlechtern dauerhaft auch die Qualität der Spermien.

■ ■ ■

Dass mir die Vermutung, ich hätte im Internet nur Unreines gesucht, solchen Ärger einbrachte, macht mir im Rückblick die Heuchelei und Verlogenheit der Gemeinschaft in allen Fragen der Sexualität nur noch deutlicher.

Die strikte Trennung der Geschlechter, das Erwachen des sexuellen Begehrens bei uns Jungen im Cheder und später in der Yeshiva die totalitären Machtstrukturen, die in der Gemeinschaft herrschten, die Tabuisierung alles Sexuellen, das durch die wortreiche, aggressive Ablehnung, die es erfuhr, nur umso präsenter war – all das schuf eine schlüpfrige Zwischenwelt. Es gab Dinge, von denen viele wussten, die aber nicht sein durften und darum in kaum zu überhörender Weise beschwiegen wurden. Dass die Macht der Lehrer über die Schüler pädophil veranlagten Männern leichtes Spiel verschaffte, war eine dieser Dinge, die klar waren, aber immer wieder entweder unter den Teppich gekehrt oder in heuchlerischer Weise beendet wurden.

Schon bevor ich selbst mit einem pädophil veranlagten Lehrer die Erfahrung machen musste, von der ich schon erzählt habe, erlebte ich, wie zwei andere Lehrer wegen sexueller Übergriffe den Cheder verlassen mussten. Interessant war aber, wie unterschiedlich weitreichend die Folgen ihres Handelns jeweils waren. Während der eine über gute Kontakte in der chassidischen Gemeinde verfügte und einer mächtigen Familie angehörte, hatte der andere solche Verbindungen nicht. Der, der ohne Verbindungen war, musste nicht nur die Schule verlassen, er wurde auch aus der Stadt vertrieben. Der andere konnte bleiben, allerdings nicht mehr als Lehrer arbeiten. Beide wurden aber nicht angezeigt oder gezwungen, ihre Veranlagung therapeutisch begleiten zu lassen.

■ ■ ■

Einer meiner Mitstudenten aus der Yeshiva in Monsey lebte nicht im Internat. Yoily hatte eine eigene Wohnung und eines Tages fragte er, ob ich nicht Lust hätte, bei ihm einzuziehen.

Wir verstanden uns gut, mochten einander. Wir waren wirklich gute Freunde und so gefiel mir der Gedanke, mit ihm zusammenzuziehen. Was aber würden meine Eltern sagen? Ich beschloss, sie erst gar nicht zu fragen. Yoily und ich zogen heimlich zusammen.

Ich war jetzt gut 18 Jahre alt. Seit meinem fünften Lebensjahr hatte ich praktisch nur unter Jungen und Männern gelebt. Frauen, das waren Wesen aus einem anderen Universum. Wir hatten keinerlei Umgang mit ihnen, kannten sie nicht, durften sie nicht einmal ansehen. Wir Männer dagegen hatten einen offenen Umgang miteinander.

Wenn wir die *Mikwe*, das rituelle Reinigungsbad, besuchten, was ich nach meiner *Bar Mitzwa* jeden Morgen tat, dann sahen wir uns natürlich nackt. Dann stiegen wir auch zusammen ins Becken. Dann wurde auch geblödelt und – dann entstand auch Nähe. Es ist nicht so, dass die Mikwe für Männer das Lustbad der ultraorthodoxen Jugend wäre. Auf keinen Fall. Aber die natürlich vorhandenen sexuellen Bedürfnisse suchten nach einem Ventil. Uns ging es, wie es lange inhaftierten Männern geht: In einer Welt, in der alles Weibliche fehlt, konnten da die Nacktheit und die Vertrautheit, die man mit den Freunden teilte, durchaus auch körperlich werden, in den Umkleideräumen, im Waschraum des Internats oder eben in der gemeinsamen Wohnung. Sich gegenseitig einen herunterzuholen war nicht ungewöhnlich. Aus der Not geboren, war es die einzige Möglichkeit, sich Erleichterung zu verschaffen und dabei so etwas wie Nähe zu erleben. Ein Ersatz, der danach meist ein schales Empfinden hinterließ, eine Mischung aus Schuldgefühl und Unzufriedenheit. Schuldgefühl, weil der sexuelle Kontakt unter Männern in der Gemeinschaft natürlich als todeswürdige Sünde galt. Unzufriedenheit, weil der bloße Abbau nicht ausgelebter Lust eben doch nur ein fast technischer Vorgang ist.

■ ■ ■

»Es geht ja nicht nur uns so, dass wir Bedürfnisse haben, die wir nicht ausleben können, auch andere Chassidim leiden darunter.« »Ach ja?«, antwortete ich meinem Mitbewohner. »Das ist ja mal was Neues.« Ich war müde und wollte endlich schlafen. »Klar, ist das nichts Neues«, beharrte er. »Aber wir könnten daraus ein Geschäft machen und ein wenig Geld verdienen.«

Was war das denn? Was schlug er mir vor? Er richtete sich auf: »Ich weiß, dass einige gut verdienende Chassidim aus New York sich in Atlantic City in einem Hotel einmieten und sich dort gern von jungen Männern befummeln lassen.«

»Du meinst, wir sollten uns prostituieren?«

»Warum nicht? Nun tu nicht so! Ist auch nicht anders als die Fummelei in der Yeshiva und das, was wir in diesen Laken tun, mein Lieber, bringt aber was ein: Mit dem Geld, was wir dort bekommen, können wir uns eine Frau leisten. Das wäre doch die Gelegenheit.«

Der Vorschlag war verlockend und abstoßend zugleich. Ich sollte mit fremden Männern herummachen, um endlich zu erfahren, wie sich eine Frau anfühlte? Wollte ich das? Es ging hin und her. Aber schließlich hatte er mich so weit, und ich stimmte zu.

Ein paar Wochen später hatten wir einen ersten Kunden, einen geschiedenen Mann, der uns mit einem imposanten Buick abholte. Es ging nach Atlantic City, zweihundert Kilometer südlich von New York. Die Stadt lebt wie Las Vegas von Vergnügungsparks, Glücksspiel und Sex. Hätten meine Eltern gewusst, wohin der Ausflug, von dem ich ihnen erzählt hatte, führte, sie hätten mich angekettet, um mich vor diesem tiefen Fall in die Sünde zu bewahren.

Es ging in ein schönes Hotel und dort fand statt, wofür wir bezahlt wurden. Und tatsächlich hatte mein Mitbewohner nicht gelogen. Der Sex war nicht anders als der, den wir aus der Yeshiva kannten. Ein bisschen Nähe, befummeln, ihn befriedigen. Ich war darüber ziemlich erleichtert. Aber der Abend war noch nicht zu Ende. Der Höhepunkt sollte noch kommen.

Aber wie stellte man das jetzt an? Der Mann an der Rezeption des Hotels hatte vollkommen gleichgültig gewirkt, als drei wie ultraorthodoxe Juden gekleidete Männer, einer älter, zwei jünger, eincheckten und ein Zimmer bezogen hatten. Vielleicht konnte er uns weiterhelfen? »Soll ich einen Kontakt für euch herstellen?«, war seine Frage, als wir ihn anriefen und mit klopfenden Herzen fragten, ob man in der Nähe vielleicht Frauen kennen lernen könnte. Er kannte offenbar das Problem.

Einige Zeit später klopfte es an der Tür. »Aha«, grinste die Frau, die sich als Mandy vorstellte. Wir müssen ein sonderbarer Anblick gewesen sein. Zwei schlaksige jüdische Jungs in schwarz-weiß gekleidet mit Vollbart und

Pejot und diese erkennbar professionell aufgedonnerte Mandy in kurzem Kleid und auf Stöckelschuhen. »Euer erstes Mal, was?«

Wir ließen sie eintreten und starrten sie hilflos an. Sie grinste immer noch.

»Ok, Jungs. Zuerst der geschäftliche Teil. Ihr seid zu zweit und dann kostet der Spaß natürlich das Doppelte.«

Zu unserer Starre gesellte sich Mutlosigkeit. Konnten wir sie überhaupt bezahlen?

»Wie viel kostet es denn?«, fragte ich heiser.

Sie nannte uns ihren Preis und schaute in unsere langen Gesichter.

»Na, ich will mal nicht so sein, ich gebe euch einen Rabatt von 25 Prozent.«

Das war immer noch zu viel, aber Yoily hatte sich etwas gefasst und eine Idee: »Wir können dir den Großteil des Betrags in bar geben, den Rest in Form eines Schecks. Wäre das möglich?«

»Klar, Jungs.«

Er schrieb einen Scheck aus und gab ihn ihr.

»Und jetzt macht euch mal ein bisschen locker. Ich mache das nicht zum ersten Mal.«

Mit dem Lockermachen war das aber so eine Sache: Es war nicht so, dass wir keine Ahnung hatten, wie der Sex zwischen Mann und Frau vonstattenging. Unterdessen hatte ich herausgefunden, dass der Mann die Frau mit seinem Glied nicht nur berührte. Wir kannten diverse Praktiken aus der Anschauung, nämlich aus den Sex-Shops in New York, die wir manchmal besucht hatten, um für einen Dollar Filmchen zu gucken, oder auch von Internetseiten. Aber wir hatten natürlich nicht die geringste Ahnung, wie es wirklich war.

Doch Mandy war geduldig und einfühlsam mit uns. Wir machten eine sehr neue, sehr ungewöhnliche Erfahrung. Und ich wusste: Ich will endlich eine Frau kennenlernen und nicht mehr allein sein.

V

EHE

»Ich habe ein Mädchen für dich!« Der Ton in dem Tante Esther, die Frau meines Onkels Itzik und die Zwillingsschwester meiner Mutter, mir dies mitteilt, lässt keinen Zweifel: Sie meint es ernst. Ich bin in Israel, dieses Mal für längere Zeit. Meine Eltern möchten, dass ich meine Studien im Heiligen Land fortsetze. Ich war zunächst in einer Yeshiva in Bnei Brak, einer Hochburg des ultraorthodoxen Judentums nordöstlich von Tel Aviv; jetzt besuche ich die »Mir« Yeshiva in Jerusalem.

Außerdem soll ich heiraten, denn die Zeit drängt: Meine Schwester ist mittlerweile 17 Jahre alt. Sie hat die Schule abgeschlossen und ist damit heiratsfähig. Sie soll und sie will einen Mann finden. Solange ich, ihr älterer Bruder, aber noch unverheiratet bin, ist sie noch nicht dran. Tradition ist es, dass Kinder in der Reihenfolge, in der sie in die Familie kommen, diese auch wieder verlassen und eine eigene Familie gründen. Das Heiraten geht darum immer der Reihe nach und ich meinte, dass der Druck auf mich zunahm. Sollten meine Eltern einer Hochzeit meiner Schwester zustimmen, bevor ich verheiratet bin, würde das meine Chancen auf dem Markt erheblich verringern. Ich wäre einer, der »geskipped«, der übersprungen wurde, wie einer meiner Onkel mir ausmalte. In der ultraorthodoxen Gemeinschaft heißt das: zweite Wahl, ein Mann, mit dem entweder etwas nicht stimmt, oder einer, der es mit den Regeln der Gemeinschaft nicht genau nimmt und dem es darum egal ist, wenn eine jüngere Schwester oder ein jüngerer Bruder vor ihm heiratet.

■ ■ ■

»Love begins with one Hallo« ist der Titel eines Hits von Randy Crawford. Das ist bei den Chassidim nicht anders, nur dass dieses erste Hallo nicht von den beiden Menschen gesprochen wird, die später heiraten werden, sondern von den Tanten, den Onkeln oder Bekannten und Freunden der Eltern. Kommen ein junger Mann mit 18 oder 19 Jahren oder eine junge Frau mit etwa 17 Jahren in das Alter, in dem sie als heiratsfähig gelten, dann beginnt in den Familien die Suche nach einem geeigneten Partner oder einer geeigneten Partnerin. Welche andere Familie, deren sozialer Status und religiöse Reputation passen, hat eine Frau oder einen Mann zu vergeben, der oder die mit der Heiratskandidatin oder dem Heiratskandidaten passend zu verbinden wäre? Man hört sich um, macht den Eltern Vorschläge, prüft die wirtschaftlichen und familiären Umstände des Kandidaten oder der Kandidatin, versucht herauszubekommen, ob es charakterliche oder gesundheitliche Unzulänglichkeiten gibt. Ist der heiratsfähige Mann oder die heiratsfähige Frau eine besonders gute Party, dann kommen jetzt auch von ganz allein Angebote.

Alles geschieht, ohne dass die zukünftige Braut oder der zukünftige Bräutigam etwas erfahren. Es ist ein Markt, auf dem Ware geprüft und gehandelt wird. Sind sich die Familien einig, dann werden die auserkorenen Eheleute einander vorgestellt. Die Hoffnung ist, dass sie der Wahl, die die Familien für sie getroffen haben, zustimmen. Nun hatte meine Familie also eine Wahl getroffen und einen Vorschlag für mich.

■ ■ ■

»Was denn für ein Mädchen?« Ich war sofort sehr aufgeregt. Sollte ich nun endlich die Möglichkeit bekommen, als Ehemann auf eigenen Füßen zu stehen? Als verheirateter Mann würde ich eigene Entscheidungen treffen können und nicht so abhängig sein vom Willen anderer. Und nicht zuletzt: Als verheirateter Mann hätte ich eine Partnerin, die mit mir das Bett teilen würde.

Meine Tante antwortete zurückhaltend. »Also, ich selbst kenne sie nicht«, gestand sie zögernd. »Aber die Nachbarin aus der vierten Etage.« Tante Esther und Onkel Itzik wohnten auf der ersten Etage eines Hauses in einem belebten Viertel von Bnei Brak.

»Ja, und?«, mein eifriges Interesse beantwortete Tante Esther mit demonstrativer Zurückhaltung. »Die Nachbarin«, fuhr sie fort, »ist die Tochter eines ganz berühmten Rabbiners. Der leitet ein Internat zur Rettung von nicht religiösen Kindern.«

Ach, daher wehte der Wind! Darum war sie so wenig euphorisch. Ich spürte, wie Enttäuschung sich breitmachte: »Aber dann ist das Mädchen ja nicht religiös – so eine kann ich doch gar nicht heiraten.«

»Akiva, stell dich nicht dümmer, als du bist. Du weißt, dass es in diesen Internaten um etwas ganz anderes geht. In Wahrheit leben dort religiöse Kinder aus religiösen Familien, die aber ein paar Probleme haben.« Tante Esther zupfte an ihrem geblümten Kleid, ein ähnliches trug auch meine Mutter öfter.

»Und wenn das Mädchen nun auch problematisch ist?«

»Ich denke, dass der Nachbarin klar ist, dass wir in der Familie eine Frau haben wollen, die zu dir passt. Diese jungen Frauen kommen aus problematischen Familien, aber sie selbst müssen nicht problematisch sein. Willst du sie nicht wenigstens einmal sehen?«

Ich zögerte. Ein Mädchen aus einer problematischen Familie? Das hörte sich nicht gut an. Aber welche Alternative hatte ich denn? Ich war darauf angewiesen, dass mir jemand einen Vorschlag machte. Und die Zeit drängte. Wenn ich nicht bald eine Frau fand, würde man in der Familie vielleicht beschließen, meine jüngere Schwester vor mir zu verheiraten. Daran mochte ich gar nicht gerne denken! »Ja, ich will sie mir gerne einmal ansehen«, stimmte ich zu.

Einige Tage später bat man mich in die Synagoge, die dem Internat, in dem das Mädchen wohnte, gegenüberlag.

»Du stellst dich ans Fenster, irgendwann wird die Nachbarin mit dem Mädchen erscheinen. Die beiden werden sich eine Weile unterhalten, und du kannst sehen, ob dir die junge Frau gefällt«, erklärte mir meine Tante verschwörerisch.

»Weiß sie von mir?«, fragte ich.

»Nein, sie hat keine Ahnung.«

Endlich kamen die beiden Frauen. Die jüngere war nicht sehr hübsch, etwas dick, unscheinbar. Aber sie gefiel mir. Sie wirkte wach, wie sie dastand, erzählte und dabei lebhaft mit den Händen gestikulierte.

»Und?«, Tante Esther war jetzt aufgekratzt. Sie fand es offensichtlich doch sehr spannend, bei der Verwirklichung meines Lebensglückes eine solche Rolle zu spielen. »Wäre sie für dich in Ordnung?«
    »Klar«, erwiderte ich. »Für mich ist sie okay. Ich hätte nichts gegen sie.« Tante Esther strahlte: »Wie schön! Ich werde gleich mit deiner Mutter sprechen!«

Ich habe keine Ahnung, wo dieses Gespräch stattgefunden hat und wie es verlaufen ist. Doch meine Eltern kamen in diesen Wochen ebenfalls für einen kurzen Besuch nach Israel, so dass meine Mutter und meine Tante einen Familienrat arrangieren konnten. Als ich dann endlich mit meiner Mutter telefonieren konnte, verlief das Gespräch sehr anders, als ich es erwartet hatte.

»Nein, Akiva, das geht nicht, sie ist zu dick für dich. Du wirst dich mit ihr schämen, wenn ihr nebeneinander auf der Straße geht.« Ich sah meine Mutter vor mir, wie sie am anderen Ende der Leitung ein verdrossenes Gesicht machte. »Wieso?«, hakte ich nach. Ich verstand nicht, was sie von mir wollte! Ich hatte nichts gegen ihre Fülle. Ich fand sie ganz normal. Viele ultraorthodoxe Menschen sind alles andere als schlank. In der Schule gibt es kein Unterrichtsfach Sport, und überhaupt ist das Bewusstsein für Bewegung und körperliche Ertüchtigung bei uns in der Gemeinschaft nicht sehr ausgeprägt. Gehen, Rennen, Fahrrad fahren, das machten nur die Kinder. Und während die Amerikaner außerhalb unserer Gemeinschaft ständig ihr »Gym« aufsuchten, war es uns nicht erlaubt, Gewichte zu stemmen oder ein Laufband zu betreten. Nur einmal hatte ich meine Mutter dabei beobachtet, wie sie nach einer ihrer Schwangerschaften Sit-ups machte. Dann aber auch nie wieder. Mein Vater hielt sich, wie auch die meisten meiner Geschwister, von sportlichen Betätigungen fern. Nur mein jüngerer Bruder Tzvi hat sich später im Keller meiner Eltern einen Raum mit ein paar Fitnessgeräten eingerichtet.

Es interessierte die Menschen in der Gemeinschaft nicht, ob sie gesund lebten oder auch nur gesund aßen. Und es war für Männer und Frauen vollkommen okay, dick zu sein. Nur wenn Frauen sich sorgten, für ihre Männer nicht mehr attraktiv zu sein, oder die Hochzeit eines Kindes bevorstand oder der Arzt vor Bluthochdruck und Schlaganfall warnte, unternahmen manche mehr oder weniger entschlossene Versuche abzunehmen. Die meisten verheirateten Männer aber hatten einen Bauch und kein Sixpack, nicht zu sprechen von den chassidischen Rabbinern, die gern viel aßen und nicht minder viel herumsaßen. Wieso sollte ich also etwas gegen eine dicke Frau haben?

»Hörst du mir zu, Akiva?« Meine Mutter riss mich aus meinen Gedanken. »Du bist einfach zu dünn für so eine dicke Frau. Dein Vater ist da ganz meiner Ansicht.«

■ ■ ■

Damit war Vorschlag Nummer eins vom Tisch. Meinen Eltern durfte ich in dieser Angelegenheit nicht widersprechen.

Später dachte ich oft, dass die Ehe mit einer korpulenten Frau womöglich nicht so problematisch geworden wäre wie die mit der Frau, die ich dann tatsächliche heiratete. Mit ihr habe ich mich wirklich geschämt, wenn wir unter Menschen waren. Aber das wusste ich damals noch nicht. Ich war nur unglücklich über die Entscheidung meiner Eltern, über deren Urteil, dass ich nicht verstehen konnte. War die Nörgelei über ihr Äußeres nur vorgeschoben? Hatten sich meine Tante und meine Mutter vielleicht nicht nur über das Mädchen unterhalten, sondern es auch getroffen? Hatten sie Erkundigungen eingeholt? Wussten sie Dinge, die ich nicht wusste?

■ ■ ■

Die chassidischen Gemeinden bilden seit über dreihundert Jahren eine weitgehend in sich geschlossene Welt innerhalb des Judentums. Man schottet sich von der als feindlich empfundenen Welt der *Goyim* ab, pflegt nur untereinander Umgang, heiratet nur Partner oder Partnerinnen aus chassidischen Familien. Die Geschlossenheit und Abgeschiedenheit der Gemeinden wurden in der Vergangenheit dabei oft durch die geografischen, kulturellen oder politischen Umstände noch verstärkt, so dass es auch zwischen den Chassidim in den verschiedenen Regionen vor allem Osteuropas nur wenig Austausch gab. Eine Folge dieser historischen Gegebenheiten ist, dass bestimmte, durch genetische Defekte verursachte Krankheiten bei *Ashkenazim*, Juden osteuropäischer Herkunft, häufiger auftreten als im Durchschnitt der Bevölkerung. Gefürchtet ist dabei besonders das so genannte Tay-Sachs-Syndrom, eine Erkrankung des Fettstoffwechsels. Sie ist durch einen Gendefekt verursacht, bricht zumeist schon im frühen Säuglingsalter aus und führt immer zu einem sehr frühen Tod. Sind bei einem Ehepaar beide Partner Träger des Gendefektes, so ist die Wahrscheinlichkeit hoch, dass auch der Nachwuchs die Krankheit ausbildet. Eine meiner Cousinen, die deutlich älter ist als ich, hat darum mehrere ihrer Kinder verloren.

Moderne Untersuchungsmethoden erlauben es mittlerweile festzustellen, ob jemand Träger oder Trägerin des Gendefektes ist und diesen weitergeben kann. Ich fragte mich: Liegt hier vielleicht der Grund, aus dem meine Mutter das Mädchen ablehnt, auch wenn der Test eigentlich erst gemacht wird, wenn die Entscheidung, das ein Paar heiraten will, getroffen ist?

Seit 1980 gibt es die Organisation *Dor Yeshorim*. Gegründet hat sie ein Rabbiner, der vier Kinder an das Tay-Sachs-Syndrom verloren hat. Sie bietet vor allem in Schulen Bluttests an, die eine Bestimmung des Genstatus ermöglichen. Der oder die Getestete bekommt eine Identifikationsnummer, die mit keiner Adresse und auch nicht mit einem Namen verbunden ist. Soll nun eine Ehe arrangiert werden, dann können z.B. die, die die Ehe arrangieren, darum bitten, die Identifikationsnummer der Braut zu erhalten, und mit Hilfe der Nummer erfahren, ob ein erhöhtes genetisches Risiko für eine Erkrankung möglicher Kinder besteht. Hatte meine Tante das getan? Und hatte sie meiner Mutter sagen müssen, dass das Ergebnis der Nachfrage ungünstig war?

So gingen damals meine Gedanken, und erst sehr viel später hat meine Mutter mir bestätigt, dass sie sich mit dem Mädchen getroffen hatte. Es gab kein Tay-Sachs-Problem.

Meine Mutter war einfach zu der Meinung gekommen, dass die junge Frau nicht zu mir passen würde.

Jetzt, in diesem Moment aber, fühlte ich mich ohnmächtig, entmündigt, wütend. Mir hatte das Mädchen gefallen. Warum also durfte ich sie nicht kennenlernen?

■ ■ ■

Vorschlag Nummer zwei war Yalda. Sie kam ebenfalls aus dem Internat des berühmten Rabbiners und gehörte einer Lubawitscher Familie an. Das gefiel mir gut. Die Lubawitscher sind auch chassidisch, das bedeutete, dass sie mit dieser Kultur und den Anforderungen, die sie an ihren möglichen Ehemann stellte, vertraut war. Andererseits sind die Lubawitscher aber nicht so streng wie die Satmarer. Die Mädchen kleiden sich modern und es gibt in dieser chassidischen Gruppe eine Reihe von Freiheiten, die bei Satmarern verpönt sind, Internet und Smartphones zum Beispiel.

Ich war entschlossen: Dieses Mal durfte meine Mutter sich nicht so sehr einmischen wie beim letzten Mal. Vielleicht würde sie wieder nein sagen und das wollte ich auf jeden Fall verhindern, auch wenn ich noch gar keine Ahnung hatte, um welches Mädchen es eigentlich ging. Wenn eine Ehe, dann eine nach meinem Willen und nicht nach dem meiner Eltern! Das schien mir richtig und wichtig. Ich wollte eine Entscheidung treffen und nicht meine Mutter sollte entscheiden. In was für einen Schlamassel ich dadurch hineingeriet, wurde mir erst viel, viel später klar ...

Ich wollte Yalda allein treffen, und das gab ich meiner Tante Esther auch zu verstehen. Es wurde eine Begegnung in der Wohnung der Nachbarin arrangiert, auf der Dachterrasse ihres Hauses. Dreimal sahen Yalda und ich uns dort, was in unserer Gemeinde schon als sehr häufig galt. Viele Paare in der Gemeinschaft treffen sich nur ein einziges Mal, bevor sie heirateten.

Wir setzten uns an einem Tisch einander gegenüber, die Tischplatte zwischen uns, darauf zwei Gläser mit Wasser, die die Nachbarin meiner Tante uns hingestellt hatte. Vor dem ersten Treffen war ich unglaublich nervös. Ich schwitzte am ganzen Körper, versuchte, ruhig und gelassen zu wirken, und war innerlich doch so in Aufruhr, dass ich kaum einen klaren Gedanken fassen konnte. Ich wollte diese Frau, die meine Ehefrau werden sollte, kennenlernen, erfahren, was für ein Mensch mir dort gegenübersaß. Aber: Wie stellte man das an? Was fragte man eine Frau? Wie fragte man? Worüber sprach man überhaupt mit Frauen? Ich hatte keine Ahnung. Ich fühlte mich so unbeholfen wie in Atlantic City. Aber das Mädchen, das mir gegenübersaß, konnte oder wollte das Eis nicht brechen.

Ich trank einen großen Schluck Wasser. Das Glas wäre mir fast heruntergerutscht, so verschwitzt waren meine Hände. Dann fasste ich mir ein Herz:

»Was arbeitest du?«

»Eigentlich nichts.« Yalda sah mich nicht an. War sie genauso unsicher wie ich? Hatte sie überhaupt Lust, sich mit mir zu unterhalten?

»Aber du willst doch was arbeiten, oder?«

Was für ein idiotischer Beginn! Nach zwei Sätzen aus meinem Mund musste sie den Eindruck haben, dass ich

das klassische Ehemodell unserer Gemeinschaft anstrebte. Der Mann lernt Torah und die Ehefrau sorgt für den Familienunterhalt. Genauso, wie es bei meinen Eltern lief.

Dabei hatte ich gar nicht vor, die pragmatische Gemeinschaft meiner Eltern einfach zu kopieren. Ich wollte arbeiten, ich konnte mir nicht vorstellen, nur über alten Büchern gebeugt herumzusitzen und dick zu werden. Außerdem: Versprach ein Mann in der *Ketubba*, im Ehevertrag, den jedes jüdische Ehepaar miteinander schließt, nicht immer, für seine Ehefrau und seine Familie zu sorgen? Ich hatte nie verstanden, wie Männer aus unserer Gemeinschaft dieses Versprechen geben konnten und sich anschließend einfach nicht mehr darum kümmerten? Wie konnte ein religiöser Mann schon ganz am Anfang der Ehe seine Frau so belügen? Und wie konnten alle anderen zulassen, dass er es tat? Sie wussten doch alle genau, wie die Sache laufen würde.

Ich versuchte zu retten, was zu retten war, und beeilte mich, Yalda von meinem Job zu erzählen: Nachdem ich ein Jahr in der Yeshiva in Bnei Brak gelernt hatte, war ich, wie es üblich war, für ein halbes Jahr zum Studium in eine Yeshiva nach Jerusalem gewechselt. Ich hatte in einer Wohngemeinschaft mit anderen Studenten ein Zimmer bekommen und auch Arbeit gefunden. In einem Restaurant jobbte ich als *Mashgiach*. Meine Aufgabe war es zu überprüfen, ob die im Restaurant angebotenen Nahrungsmittel und deren Verarbeitung koscher waren. Da es sich aber um ein Fischrestaurant handelte, hatte ich nicht viel zu tun, zumal in der Küche auch keine Eier verwendet wurden. Hätte man sie verarbeitet, hätte ich sie aufschlagen und prüfen müssen, ob vielleicht Blut im

Eiweiß ist, was ja manchmal vorkommt. Solche Eier müssen, weil Blut zu essen nicht koscher ist, weggeworfen werden. Manche *Mashgichim* haben darum richtig viel zu tun, aber da in diesem Restaurant diese Prüfung flach viel, musste ich nur morgens das Feuer anmachen und, wenn der Restaurantbetrieb lief, die Weinflaschen öffnen. Die meisten Angestellten in dem Restaurant waren nämlich keine Juden, sondern Araber. Und die Regel ist: Wein ist zwar koscher, aber nur dann, wenn er von Juden produziert ist und beim oder nach dem Öffnen der Flasche nicht von Nichtjuden berührt wird.

Ich mochte die Arbeit, auch, weil das Restaurant nicht weit von der Knesset, dem israelischen Parlament, entfernt lag. Oft kamen Parlamentsmitglieder oder Minister zum Essen. Ich fand diese Menschen wichtig und ich fand es spannend, ihnen zu begegnen.

All das erzählte ich Yalda, und tatsächlich schien ich Eindruck auf sie zu machen, auch wenn es sich bei meiner Anstellung nur um einen Job handelte, den ich neben der Yeshiva stundenweise ausübte.

»Aber ist es nicht viel zu anstrengend, zu lernen und dann noch zu arbeiten?«, fragte sie mich erstaunt.

Ich zuckte mit den Schultern und sagte: »Ich mag es nicht, immer nur herumzusitzen und zu lernen. Das ist mir zu wenig. Ich möchte mehr von der Welt wissen, andere Menschen kennenlernen. Ich finde es spannend, mitzubekommen, wie Politiker reden. Über Israel, über andere Länder. Ich möchte einmal viele Länder dieser Erde bereisen.«

Jetzt hatte ich ein bisschen dick aufgetragen. Ich erwartete, dass Yalda auf meine Begeisterung reagieren, dass sie nachfragen, vielleicht widersprechen oder irgendeine andere Reaktion zeigen würde. Schließlich musste sie doch auch für sich herausfinden, ob ich der Richtige für sie sein könnte. Aber sie blieb zunächst stumm, trank einen Schluck Wasser und fragte dann: »Und wieviel verdienst du da?«

Ich nannte ihr den Betrag in Schekel, er entsprach etwa € 500,-- im Monat. »Wow!«, staunte sie.

Diese Reaktion hätte mir, erkannte ich später, eine Warnung sein können. Welche erwachsene Frau war davon beeindruckt, dass ein Mann € 500,-- im Monat verdient? Aber ich bemerkte es nicht.

Ich nahm mir vielmehr vor, dieses Mädchen unbedingt heiraten zu wollen. Ich wollte nicht, dass meine Mutter noch einmal dazwischenfunkte. Und vor allem wollte ich in der Reihenfolge der Hochzeiten in unserer Familie nicht übersprungen werden! Doch konnte Yalda wirklich meine zukünftige Frau sein? Warum redete sie nur so wenig? Waren Frauen nicht bekannt dafür, alles zu kommentieren und zu allem und jedem eine Meinung zu haben? Sogar der Talmud hält fest: »10 Kav der menschlichen Rede kamen auf die Erde, 9 davon nahmen sich die Frauen« (Kidushin 49b). Auch meine Mutter nahm kein Blatt vor den Mund, von Yalda aber kam kaum eine Reaktion.

»Aber du kannst doch was arbeiten?« Ich ritt weiter auf diesem Thema herum, weil mir partout kein anderes einfallen wollte, auf das ich sie hätte ansprechen können.

»Im Internat haben wir nicht so viel tun müssen.« 111

»Bestimmt hast du aber eine Vorstellung davon, wie dein Haushalt auszusehen hat«, versuchte ich es. War es nicht für alle Mädchen klar, dass sie eines Tages einen Haushalt führen würden? Meine Schwestern hatten genau diese Erwartungen an ihre Zukunft und keine andere. Sie sahen ihre Berufung darin, einem Heim mit vielen Kindern vorzustehen, und bereiteten sich genau darauf vor.

»Ich bin nicht bei meinen Eltern aufgewachsen ...«, war Yaldas Antwort.

Was wollte sie mir damit sagen? Dass sie keine Ahnung habe, wie es in einer Familie zugehe und was darin die Aufgaben der Ehefrau seien? Aber jede junge Frau lernt doch, wie man eine Wohnung sauber macht, welche Gerichte man für den Schabbat auf welche Weise zubereitet, wie man mit der Wäsche umgeht. Wollte sie überhaupt eine Familie?

Ob sie sich darauf freue, Kinder zu bekommen und zu erziehen, fragte ich jetzt ganz direkt. Über Yaldas Gesicht huschte ein unsicheres Lächeln und sie fixierte die Tischplatte, als würde sie die Antwort auf meine Frage in der feinen Maserung des Holzes finden. »Ja, natürlich!«, antwortete sie nach einer Weile und sah mich unsicher an. Immerhin.

In ähnlicher Weise verliefen auch die folgenden beiden Verabredungen. Ich stellte Fragen, aber sie wollte nicht mehr wissen als die Anzahl meiner Geschwister und wie es sei, in Amerika zu leben. Wenn wir nicht weiterwussten und um uns nicht einfach anzuschweigen, sagten wir etwas aus der Torah auf.

Ich fand Yalda hübsch, sie hatte lange dunkle Haare, die sie mit einem Gummiband zu einem Zopf zusammenband. Sie war schmal und so groß wie ich. An ihrem Äußeren hätte auch meine Mutter nichts zu beanstanden gehabt. Aber nach den drei Treffen hatte ich große Zweifel.

■ ■ ■

»Es geht nicht, ich kann sie nicht heiraten, sie ist langweilig und so uninteressiert.« Ich machte meinem Zweifel der Nachbarin meiner Tante gegenüber Luft. Immerhin hatten unsere Treffen auf ihrer Dachterrasse stattgefunden und immerhin war sie die Tochter des berühmten Rabbiners und Internatsleiters. Sie musste mir doch raten können!

»Willst du etwa eine Frau, die so klug ist wie König Shlomo?«, antwortete sie spitz. »Willst du eine Frau, die dir sagt, was du tun sollst?« Sie schüttelte entschieden den Kopf. »Akiva, du bist selbst klug, du brauchst eine einfache Frau.«

So konnte man das sicher sehen. Aber stimmte es wirklich, was diese Nachbarin behauptete? Ist es nicht viel besser, wenn zwei Menschen ähnlich neugierig sind und im Leben gemeinsam etwas erreichen wollen, gemeinsame Ziele haben? Andererseits war die Nachbarin die Tochter eines sehr geschätzten Rabbiners – musste sie es da nicht wissen? Und wie sah es bei meinen Eltern aus? Eine klare Rollenverteilung und sowohl mein Vater als auch meine Mutter schienen zufrieden zu sein, auch wenn ich nicht den Eindruck hatte, dass sie das verband, was ich heute Liebe nennen würde. Sie funktionierten gut miteinander.

Aber meine Mutter war weder einsilbig noch auf den Kopf gefallen. Bei Yalda war ich mir da nicht so sicher. Doch womöglich tat ich ihr Unrecht? Mussten sich unsere Treffen für sie nicht genauso ungewohnt und sonderbar anfühlen wie für mich. Vielleicht war auch meine Mutter anfangs so zurückhaltend gewesen. Vielleicht wurden aus Mädchen erst nach der Hochzeit Ehefrauen? Ich wusste es nicht. Ich wusste eigentlich gar nichts.

In meiner Verunsicherung suchte ich einen Rabbiner auf. Ich ging aber nicht zum Vater der Nachbarin, sondern zu einem Rabbiner aus meiner Synagoge. Ihm schilderte ich mein Problem. Als ich alles, was mir auf der Seele lag, offenbart hatte, fragte ich ihn: »Wie sehen Sie das? Was können Sie mir raten?«

Er schwieg eine Weile, strich sich über seinen grauen Bart, und wirkte, als würde er seine Antwort sorgfältig abwägen. Umso mehr überraschte mich diese dann: »Es gibt nicht viele Dinge, die eine Frau wissen muss, aber zwei Sachen sind unentbehrlich: Sie muss wissen, wenn sie auf der Straße geht und es plötzlich zu regnen anfängt, dass sie sich so unterstellt, dass ihre Perücke nicht nass wird. Und sie muss wissen, dass, wenn man ein Ei in der Pfanne brät, der Stiel nicht so über die Herdkante hinaussteht, dass sie die Pfanne im Vorbeigehen vom Herd herunterreißen kann. Diese zwei Sachen muss die Frau wissen, mehr nicht.«

Ich war verblüfft. Ich hatte mehr erwartet und hörte das, was auch die Nachbarin gesagt hatte. Anscheinend war das die allgemeine Vorstellung über Frauen. Und hatte ich nicht selbst viele Male gehört, diese oder jene Sache sei nur etwas für Männer? Ja, waren nicht sogar sehr viele Dinge nichts für Frauen? Vielleicht hatte ich einfach falsche Vorstellungen!

Ich fragte den Rabbiner auch, ob er es nicht ungewöhnlich finde, das Yalda so still und zurückhaltend sei. Er erzählte mir, dass seine eigene Frau so schüchtern sei, dass sie sich nicht einmal traue, in einem Geschäft eine Bestellung aufzugeben. Man müsse sie immer erst ansprechen. Ich solle mir nur keine Sorgen machen.

· · ·

Eine lange Zeit später, ich war schon eine Weile aus der Gemeinschaft ausgestiegen, hörte ein ultraorthodoxer Rabbiner einmal ein Referat von mir, in dem ich in einem Nebensatz behauptete, Männer und Frauen hätten bei den Ultraorthodoxen keine wirkliche Verbindung miteinander.

»Warum?«, fragte er mich. »Was hat dich auf diesen Gedanken gebracht?«

Ich erklärte es ihm: »Frauen und Männer kommen bei euch zusammen, um ein gemeinsames Projekt zu starten. Sie suchen keine romantische Verbindung, sie verhalten sich eher wie Businesspartner, die ein bestimmtes Ziel erreichen wollen, in eurem Fall eine religiöse Familie. Läuft das Projekt ohne große Streitereien ab, geht es immer weiter. Nur wenn sich ein Paar zu viel streitet, trennt es sich. Deswegen gibt es bei euch auch nicht so viele Scheidungen. Denn ihr sucht in einer Beziehung nicht unbedingt eine innige Verbindung miteinander, sondern etwas anderes. Zwei Menschen, die geheiratet haben, müssen nicht einmal Freunde sein, sie müssen sich nicht einmal mögen, Hauptsache, sie können ohne größere Konflikte miteinander leben und das Projekt ›Kinder und Familie‹ verwirklichen. Solange darin jeder macht, was in seiner Verantwortung liegt, ist alles gut.«

»Das ist nicht so, wie du sagst«, protestierte er. »Es gibt viele Paare bei uns, die eine sehr gute Beziehung miteinander haben.«

»Sei ehrlich«, erwiderte ich, »redest du immer über alles mit deiner Frau? Erzählst du ihr alles? Willst du ihre Meinung zu allen Dingen, die dich betreffen, hören?«

»Das ist nicht möglich. Frauen können nicht immer alles verstehen. Aber die Sachen, die Frauen verstehen können, über die spreche ich natürlich mit ihr.«

Obwohl seine Frau eine sehr kluge Frau ist und der Rabbiner das auch wusste und schätzte, gab er hier nur wieder, was viele Männer der Gemeinschaft über Frauen denken, und was ich damals, als ich Yalda kennenlernte, auch meinte, glauben zu müssen. Es war undenkbar, alles mit Frauen bereden zu können. Sie mussten ein bisschen dümmer sein als Männer, ohne Zweifel. Hieß es nicht im Talmud eindeutig, Frauen seien leichtfertig (Bavli Kidushin 80b)?

Der Rabbiner hatte für diese Einfachheit der Frauen auch noch eine Erklärung parat: »Ihre Gehirne sind einfacher als die von Männern. Das steht auch in unseren Texten.« Die Gehirne seien aber nicht nur einfacher, sondern auch kleiner, das sei wissenschaftlich erwiesen.

Nun muss man wissen: Den meisten Ultraorthodoxen sind naturwissenschaftliche Erkenntnisse vollkommen egal. Sie führen sie aber gerne ins Feld, wenn sie der Ansicht sind, darin Argumente für ihre eigenen Lehren zu finden. Im Sinne von: »Was die Forscher da gerade entdeckt haben, das haben unsere Rabbiner schon vor 2000 Jahren gesagt. Unser Gott, unsere Torah, sie haben es schon viel länger gewusst.« Einige Rabbiner lesen wissenschaftliche Texte, um nachzuweisen, was falsch an ihnen ist und dagegen richtig in der Torah steht. Sie haben vor allem die Aufgabe, die Leute, die sich von der Religion entfremdet haben, wieder zur Rückkehr zu bewegen. Wenn Menschen zum Beispiel zweifeln, weil ihnen die Erkenntnisse der Evolutionstheorie plausibler erscheinen als der Bericht über die Schöpfung des Menschen in der Torah, dann fragen sie: »Du glaubst also, dass wir Menschen vom Affen abstammen? Aber das macht doch keinen Sinn. Das wäre so, als wenn du glauben würdest, dass unsere Welt aus dem Nichts entstanden ist, dass es kein Ziel gibt. Auch das macht keinen Sinn.« Sie versuchen, die Tatsache, dass auch in den Naturwissenschaften vieles umstritten ist, für sich zu nutzen: »Siehst du, die sind sich auch uneins und können das nicht mit Sicherheit behaupten.«

Dass sich daraus absurde Vorstellungen entwickeln können, erzählt ein beliebter Witz: Eine jüdische Frau heiratet einen nichtjüdischen Mann und bekommt einen Sohn mit ihm. Als dieser Sohn älter wird, fragt er seinen Vater, woher die Menschen kommen. Der Vater erläutert ihm die Abstammungslehre nach Darwin. Erstaunt fragt daraufhin der Sohn die Mutter: »Du hast mir doch erzählt, Gott habe Adam und Eva als erste Menschen geschaffen. Vater behauptet, die Menschen stammen von den Affen ab.« »Mach' dir keine Sorgen, Liebes«, antwortet die Mutter lächelnd. »Das gilt nur für die Familie deines Vaters.« **117**

Dass ein kleineres Gehirn nicht unbedingt eine geringere Denkfähigkeit bedeutet, diesen Gedanken lies mein ultraorthodoxer Rabbiner nicht zu. Er verkündete: »Gott hat den Frauen ein kleineres Gehirn gegeben, weil sie nicht die wichtigen Sachen machen müssen. Sie müssen sauber machen, kochen, sich um die Kinder kümmern, sie müssen nicht Politiker oder Rabbiner oder Ärzte sein. Die müssen nur einfache Sachen machen.« Und dann: »So ist das mit den Frauen. Im Talmud steht, es reicht, wenn Frauen uns von der Sünde retten und unsere Kinder erziehen.« (Yevamot 63a)

Ich war nicht überzeugt, doch zugleich vollkommen verunsichert. War meine Zurückhaltung nicht Unrecht und hatte der Rabbiner nicht Recht? Durfte ich so skeptisch sein, wie ich es war? Und was, wenn ich nun zurückziehen würde. Lief ich nicht Gefahr, als »Übersprungener« zum Gespött der Gemeinschaft zu werden.

In völliger Unkenntnis und gefangen in einem Missverständnis, war ich bereit, Yalda zu meiner Frau zu nehmen.

■ ■ ■

Ich gab also meine Einwilligung und erklärte, Yalda heiraten zu wollen. Auch Yalda und ihre Familie stimmten der Verbindung zu. Ein fast 20-Jähriger und eine 18-Jährige bereiteten sich darauf vor, die Ehe miteinander einzugehen. Die Phase, die jetzt kam, war aber nicht von Gemeinsamkeit bestimmt. Zwar hatte mein zukünftiger Schwiegervater angeregt, das Yalda und ich uns vielleicht vor der Eheschließung noch ein paar Mal sehen und besser kennenlernen sollten. Und tatsächlich trafen wir uns auch, wurden aber beobachtet. Ich wurde von der Nachbarin meiner Tante daran erinnert, dass die Regeln der Gemeinschaft es nicht vorsehen, dass ein unverheiratetes Paar sich trifft, sich besser kennenlernt und, Gott bewahre, vielleicht sogar intim miteinander wird.

»Aber mein Schwiegervater hat nichts dagegen!«, protestierte ich. »Er ist ein *Ba'al Tshuva*!«, war die Antwort. »Er hat keine Ahnung.« Ein *Ba'al Tshuva* ist ein Mitglied der Gemeinschaft, der zwar in einer jüdischen, aber nicht orthodoxen Familie geboren wurde und sich erst später entschlossen hat, fromm zu werden. Von Geburt an ultraorthodoxe Mitglieder blicken auf diese Menschen gerne herab und behandeln auch die Nachkommen der *Ba'lei Tshuva* oft mit Verachtung. Für diese ist es schwerer, einen Ehepartner oder in einer Yeshiva Aufnahme zu finden.

So blieb es bei den offiziellen Terminen, die für Braut und Bräutigam in der Zeit vor der Eheschließung vorgesehen sind: gegenseitige Einladungen der Familien zu den Festtagen, bei denen Braut und Bräutigam Geschenke austauschen. Sie schenkt ihm einen silbernen *Chanukka-Leuchter*, er ihr einen ledernen *Siddur* mit ihrem in Gold geprägten Namen auf dem Einband. Zeit und Gelegenheit für vertraute Zweisamkeit gibt es bei diesen Treffen nicht. Immer sind andere Familienmitglieder zugegen und achten darauf, dass die Regeln der Sittsamkeit nicht gebrochen werden.

Wir sahen einander kaum, dennoch geschah viel in dieser Zeit zwischen Eheversprechen und Hochzeit. Yalda und die Frauen aus ihrer Familie bereiteten zusammen mit meiner Mutter die Wohnung vor, in der wir in Bnei

Brak leben sollten. Sie kauften Wäsche, Geschirr und Möbel. Meine Eltern finanzierten diese Dinge und bezahlten auch die Miete für ein Jahr im Voraus. Sie hatten den Wunsch, dass ich nach der Hochzeit auf ein *Kollel* wechseln sollte, eine Yeshiva für verheiratete Männer. Dort würde ich mich weiter den ganzen Tag mit der Torah beschäftigen können.

Bevor es so weit war, hatte aber auch ich mich auf die Ehe vorzubereiten, und zwar allein und ohne meine zukünftige Frau. Ich hatte einen *Madrich* zu besuchen. Der, den meine Familie für mich ausfindig machte, war ein kleiner, dicklicher Mann Ende fünfzig mit einem orangenen Bart, der mich über meine halachischen Pflichten als Ehemann aufklären musste.

In den ersten Sitzungen, die ich mit ihm hatte, erläuterte er mir meine Aufgaben als Ehemann und Fragen des Zusammenlebens von Mann und Frau. Wichtig schien ihm, dass die Machtverhältnisse klar blieben. Er betonte: »Du musst fleißig sein, nie solltest du länger schlafen als deine Frau. Wir müssen über Frauen herrschen, denn wenn sie das Gefühl haben, dass niemand über sie herrscht, gehen sie ihre eigenen Wege. Du als Mann musst dafür sorgen, dass deine Frau immer das tut, was du ihr sagst, sie muss wissen, wer der Chef im Haus ist. Aber du musst sie mit Respekt und Achtung behandeln. Du bist der König, aber sie ist die Königin. Vergiss das nicht! Du musst für sie da sein und sie unterstützen. Aber du solltest nicht zu viel mit ihr sprechen. Sie muss nicht alles wissen, als Mann kann man auch Geheimnisse vor der eigenen Frau haben. Und manche Dinge besprichst du besser mit deinen Freunden im *Kollel*. Mit denen kannst du diskutieren. Mit Frauen geht das nicht. Sie sind oft zu emotional und sie kennen die Schriften auch nicht.«

Ich nahm hin, was er sagte, und ein wenig nahmen mir seine entschiedenen Worte sogar die Angst, mit Yalda nicht die für mich passende Frau zu heiraten. Es schien, als könne man verheiratet sein, ohne das Leben wirklich miteinander teilen zu müssen. Offenbar trat mit der Ehe kein anderer Mensch in mein Leben oder ich in das Leben eines anderen Menschen, sondern es schien, als würde nur ein neuer Lebensbereich eröffnet. Diesen bewohnten wir als Eheleute, aber daneben hatte eben zumindest der Mann eine Welt, die ihm allein gehörte. Wenn das so war, würde es mit Yalda vielleicht gehen.

Die Ehe war offenbar, wie ich es später einem Rabbi sagen würde, ein Projekt. Das in der Satmarer-Gemeinschaft wichtigste Ziel dieses Projektes waren Nachkommen. Schließlich ging es darum, mit einer möglichst großen Familie und vielen Kindern noch nachträglich den Sieg über Hitlers Vernichtungswillen zu erringen. Damit aber Kinder kommen konnten, musste ein Mann wissen, wie er Kinder zeugte. Und in der letzten Sitzung ein paar Tage vor der Hochzeit wurde ich darum vom *Madrich* sexuell aufgeklärt.

■ ■ ■

»Was weißt du über das Zusammensein zwischen Mann und Frau?« Mein *Madrich* schaut mich aus seinen graugrünen Augen aufmunternd an. Was soll ich ihm sagen? Ihn anlügen und so tun, als hätte ich noch keinerlei Erfahrung?

»Ich weiß schon ein bisschen.«

»Aha? Na, wenn schon; ich werde dir alles erklären.«
Ich nicke.

»Um Kinder zu haben, muss man etwas tun.« Mit diesen Worten nimmt er ein Streichholz, das er schon auf dem Tisch vorbereitet hat. »Das ist dein Glied«, erklärt er. Er nimmt das Streichholz-Glied zwischen Mittel- und Zeigefinger und hält es so, dass der rote Kopf nach unten schaut. Mit dem Zeige- und Mittelfinger der anderen Hand macht er jetzt das Victory-Zeichen. »Das«, erklärt er, »sind die Beine der Frau.« Ich ahne, was kommen wird.

»Wenn du mit deiner Frau in der Hochzeitsnacht zusammen bist und ihr allein seid, dann wird dein Glied hart werden. Wenn es das nicht wird, dann wird deine Frau dafür sorgen, dass das passiert. Wenn dein Glied hart ist, wird deine Frau dich auf ihren Körper ziehen. Du wirst auf ihr liegen, zwischen ihren Schenkeln. Dort befindet sich der Ort deiner Frau. In diesen passt dein hartes Glied hinein wie ein Schlüssel in ein Schloss. Um ein Kind zu zeugen, musst du dein Glied in den Ort deiner Frau stecken und dich so bewegen.« Er lässt das Streichholz-Glied zwischen den Fingern seiner Hand auf und nieder wippen. »Dabei sollst du an Gottes Namen denken und deine Frau ganz festhalten. Wichtig ist, dass du beim ersten Mal behutsam und zugleich entschlossen vorgehst. Denn bei einer Frau, die noch bei keinem Mann gelegen hat, ist der Ort mit einem Häutchen verschlossen. Wenn dein Glied am richtigen Platz ist, musst du schnell reingehen, dann tut es ihr weniger weh, wenn du das Häutchen durchstößt. Und nach dem ersten Mal darfst du deine Frau auch nicht mehr berühren, denn nach dem ersten Mal wird deine Frau etwas bluten und ist darum unrein.«

»Das ist eine ganze Menge, die ich da wissen muss«, bemerke ich.

Gutmütig schaut der Madrich mich an. »Die meisten schaffen es nicht beim ersten Mal«, meinte er ruhig. »Sei also nicht erschrocken darüber, wenn es euch nicht gleich gelingt. Wenn es aber klappt, dann darfst du nicht vergessen: Die Frau blutet vermutlich und ist darum unrein, du darfst sie nicht mehr berühren!«

▪ ▪ ▪

Die Frage der Reinheit oder Unreinheit einer Frau ist, neben der Frage nach den halachischen Pflichten eines Ehemannes, ein weiteres großes Thema der Ehevorbereitung. Damit ich in diesem für die Chassidim außerordentlich wichtigen Punkt informiert war, musste ich noch einen weiteren *Madrich* aufsuchen.

Das Begehren eines Mannes und die Nähe einer Ehefrau bargen eine Gefahr, von der ich bis dahin nicht viel wusste. Eine Frau, die noch Kinder bekommen könne, so erklärte mir der *Madrich*, blute einmal im Monat. In der Zeit der Blutung sei sie selbstverständlich unrein und es sei eine *Avera*, eine schwere Sünde, in dieser Zeit sexuellen Verkehr miteinander zu haben. Und nicht nur den sexuellen Verkehr gelte es zu vermeiden.

»Du darfst in dieser Zeit auf keinen Fall mit ihr schlafen«, erklärte er. »Du darfst sie auch nicht anfassen oder Essen von ihrem Teller nehmen.«

»Aber wie soll das gehen?« Ich war unsicher. »Woher weiß ich, dass sie unrein ist? Und wann ist die es nicht mehr?«

»Sie wird es dir sagen«, meinte der *Madrich*. »Auch

deine Frau wird auf die Ehe vorbereitet und man erklärt ihr, was sie tun muss. Die Blutung dauert meistens etwas weniger als eine Woche. Wenn sie kein Blut mehr sieht, muss sie sieben Tage lang zweimal am Tag ein weißes Tuch in den Ort einführen. Ist 14-mal hintereinander das Tuch rein, wird deine Frau die Mikwe besuchen und das Reinigungsbad nehmen. Danach ist sie wieder rein.«

»Und dann ...?«

»Dann könnt ihr wieder zusammenkommen und die *Mitzwa*, die euch als Eheleuten auferlegt ist, erfüllen. Du wirst sehen. Diese Zeiten der Enthaltsamkeit werden euch guttun und euch viel Freude bereiten. Es ist, als würdet ihr einmal im Monat die Nacht, die dir jetzt bald bevorsteht, wiederholen und eure Hochzeit feiern.«

Einmal im Monat Hochzeit feiern. Ich wusste nicht, was ich davon halten sollte. Ich war nervös und mich verwirrte die Aussicht, jeden Monat die Unsicherheit zu empfinden, die mich nun, da der Tag unserer Hochzeit unmittelbar bevorstand, erfasst hatte.

■ ■ ■

Wir heirateten an einem Donnerstag im Januar 2005. Ich stand früh auf an diesem Tag, verzichtete auf ein Frühstück, weil ich, wie es die Regeln verlangten, an meinem Hochzeitstag fasten würde, und ging zusammen mit einem Freund zur Klagemauer, um zu beten. Dieser Tag würde einer der wichtigsten Tage in meinem Leben sein. Ich wollte ihn mit großem Ernst erleben und ich war schon am Morgen sehr bewegt. Und wenn ein *Chassid* eine Sache ernst nimmt und emotional bewegt ist, dann kommen ihm die Tränen. An *Jom Kippur*, am Versöhnungstag, kann man darum viele Fromme weinen sehen, weil sie ihre Schuld und ihr Scheitern in vollem Ernst erkennen und bereuen. Und auch bei einer Hochzeit gilt es als Ausdruck der frommen Ernsthaftigkeit, wenn der Bräutigam in Tränen ausbricht.

Wenn das stimmte, dann war ich tatsächlich sehr fromm und ernsthaft bei der Sache. Heute kann ich meine emotionale Gestimmtheit damals nur noch schwer nachvollziehen. Tatsächlich aber war ich in Tränen aufgelöst. Ich weinte und betete, dass der Anfang des neuen Lebens, das nun für mich beginnen sollte, gelänge. Ich betete, dass Gott uns begleiten möge, dass er seinen Segen geben und unseren Weg behüten möge. Und dabei überwältigte mich das Gefühl, bald ein verheirateter, und das hieß: ein freier und selbstständiger Ehemann zu sein.

■ ■ ■

Die Zeremonie begann mit dem »*Bedecken*« der Braut. Meine Aufgabe war es, einen Schleier über Yaldas Kopf und Gesicht zu legen zum Zeichen dafür, dass es nicht allein ihre äußere Schönheit war, die mich zu ihr hinzog. Diese ist vergänglich, während ihre innere Schönheit als ein Geschöpf Gottes unvergänglich ist.

Dann wurde ich von meinem Vater und meinem zukünftigen Schwiegervater unter die *Chuppa*, den Hochzeitsbaldachin, geführt, wo Yalda, die von meiner Mutter und meiner zukünftigen Schwiegermutter begleitet worden war, schon auf mich wartete. Umgeben von den anderen Hochzeitsgästen, standen meine Braut und ich nebeneinander, während zunächst mein Großvater, dann einer ihrer Onkel, danach einer meiner Onkel, weitere 125

Verwandte und schließlich der Rabbiner herantraten, um jeweils einen der sieben Segen über uns zu sprechen. Jeder Segensspruch umhüllte uns als Paar ein Stück mehr mit der neuen Wirklichkeit, die nun die unsere sein würde. In der Gemeinschaft und vor Gott traten wir, begleitet von den Wünschen der Menschen, die uns bis hierher begleitet hatten, in ein neues Leben. Wir waren nun nicht mehr Tochter und Sohn, sondern wurden zu einem Ehepaar, das eine eigene Familie haben würde. Wir waren nun frei von der Vormundschaft unserer Eltern und verpflichteten uns darauf, einen gemeinsamen, eigenen Weg zu gehen.

Als der letzte Segensspruch gesagt war, tranken wir den Wein und ich zertrat das Glas. Wir waren Mann und Frau.

Nun erst durfte ich meine Frau berühren und nun erst durften wir miteinander allein sein. Ich nahm ihre Hand und führte sie in den *Jichud-Raum*. Dieser Raum symbolisiert nach der halachischen Tradition das Haus, in das der Bräutigam die Braut führt. Bevor es das Brautpaar betritt, prüfen zwei Zeugen, dass es keine weitere Tür gibt, durch die man den Raum betreten oder verlassen könnte. Hat das junge Ehepaar den Raum betreten, wird die Tür geschlossen und die beiden Zeugen stellen sich davor. Theoretisch könnten Mann und Frau nun die *Mizwa* erfüllen und die Ehe vollziehen. Es ist auch üblich, die beiden etwa so lange im *Jichud-Raum* allein zu lassen, dass es beiden möglich wäre, miteinander zu schlafen. Tatsächlich macht das aber natürlich niemand.

Als wir den Raum betreten hatten und die Tür geschlossen war, wünschte ich uns und Yalda Glück, umarmte sie und küsste sie auf die Wange. Yalda antwortete mit dem Segensspruch, den sie für diesen Moment in ihrer Vorbereitung auf diesen Tag gelernt hatte: »Auf dass du ein langes Leben führen und dich mit mir in Liebe vereinen wirst – von heute an bis in alle Ewigkeit. Auf dass ich für immer bei dir sei.«

Dann gab ich ihr, wie es üblich ist, mein Geschenk. Aus einer kleinen Schachtel holte ich ein paar goldene Ohrringe hervor. Zum ersten Mal berührte ich die Ohren meiner Frau, als ich ihr die Ringe anhängte.

»Sie sind schön.«

»Äh, wie bitte?«

»Die Ohrringe, sie sind schön.«

Wir saßen da, wagten nicht, einander anzusehen.

Auf einem Tablett hatte man zwei gegrillte Tauben, Symbole der Treue, für uns bereitgestellt. Wir brachen das Hochzeitsfasten und aßen etwas von ihrem Fleisch. Aber wirklich hungrig waren wir nicht.

»Es war sehr bewegend, nicht wahr?«, versuchte ich es und hoffte, dass irgendetwas geschehen möge, das uns die Beklemmung nahm.

»Ja«, bestätigte Yalda, »sehr bewegend.« Und sah mich endlich an.

In diesem Augenblick klopfte es vorsichtig. Unsere Zeit im Jichud-Raum war um.

Yaldas Make-up wurde aufgefrischt, danach machten wir Hochzeitsfotos. Dann konnte das Fest beginnen.

■ ■ ■

Die Feier fand in einem der großen Hochzeitssäle in Bnei Brak statt. Wir hatten fast 400 Gäste eingeladen, wovon die meisten aus meiner Familie kamen, die tatsächlich fast so zahlreich ist wie die Sterne des Himmels: Meine

Urgroßmutter, die heute 99 Jahre alt ist, hat mehr als 1000 Nachkommen, die in direkter Linie mit ihr verwandt sind. Wir hätten darum noch eine weit größere Zahl an Menschen dabeihaben können.

Der Saal, den wir gemietet hatten, lag im Souterrain des Gebäudes und war recht schlicht. Doch die Tische waren mit Kerzen und feinem Tuch festlich geschmückt. Es gab Unmengen zu essen und – wie auf jeder Hochzeit üblich – auch große Mengen an Alkohol. Wir hatten eine kleine Musikgruppe gebucht und zwischen den einzelnen Gängen sorgte diese dafür, dass es im Saal bald hoch her ging, oder besser, dass es in den beiden Räumen des Saales bald hoch her ging. Im Saal gab es nämlich einen Bereich für die Frauen und einen für die Männer. Im Bereich für die Frauen saß Yalda und wurde von den weiblichen Verwandten und ihren Freundinnen gefeiert. Im Bereich

Auf meiner Hochzeit im Gespräch mit meinem Vater

für die Männer bewegte ich mich mit Freunden und Verwandten in dem für jüdische Feste klassischen Rundtanz; stundenlang, bis sich mir vor lauter Tanz und Trinken der Saal vor Augen drehte.

Wenn alle Gänge serviert sind, kommt eine jüdische Hochzeitsfeier langsam zu ihrem Ende. Ich sprach nach dem letzten Gang das Tischgebet, danach verabschiedeten sich die Gäste, die nicht mit uns verwandt waren.

Nun folgte der letzte Teil der Feier. Die Männer und Frauen kamen zusammen und es begann der *Mizwe-Tanz*. Hierbei steht die Braut in der Mitte des Saales und die männlichen Verwandten von Braut und Bräutigam umtanzen sie unter dem rhythmischen Klatschen der anderen Gäste. Um zu verstehen, was hier geschieht, muss man sich vor Augen halten, dass eine jüdische Hochzeitsfeier im Ganzen dem Festablauf des Monats Tischri folgt, in den alle hohen jüdischen Feiertage fallen. Fasten und *Chuppa* stehen für *Rosch Haschana* und *Yom Kippur*, das Neujahrsfest und den Versöhnungstag; das festliche Essen und der Tanz spiegeln *Sukkot*, die Freude des Laubhüttenfestes. Der *Mizwe-Tanz* schließlich symbolisiert *Simchat Torah*, das Fest der Freude an der Torah. Wie die Torah Grund und Mitte des Lebens ist und alles sich tatsächlich um sie dreht, so steht jetzt noch einmal die Braut, die die Reinheit der Weisung Gottes symbolisiert, in der Mitte des Geschehens.

Das Besondere dabei sind zwei Dinge: Zum einen berühren die Männer die Braut nicht, sondern sind über den *Gartel*, einen Stoffgürtel, den die Braut hält, mit ihr verbunden. Nur ihr Ehemann, ihr Vater und ihr Großvater dürfen die Braut bei der Hand nehmen. Die anderen Tänzer nehmen den Gartel in die Hand und umtanzen die junge Ehefrau, die selbst passiv bleibt und zu Boden blickt. Und zum anderen ist dieser Tanz kein ausgelassener Teil des Festes mehr, sondern eher eine heitere, aber fromme Liturgie. Zwar kann es dabei durchaus fröhlich zugehen, aber der Tänzer und die Braut sollen während des Tanzes beide um den Segen Gottes für die Ehe bitten, die nun bald, wenn der *Mizwe-Tanz* vorüber ist, vollzogen werden soll. Wie sich herausstellen sollte, hatten Yalda und ich diese Gebete bitter nötig.

■ ■ ■

Es war fast drei Uhr morgens, als Yalda und ich die Hochzeitshalle endlich verließen. Meine Eltern begleiteten uns, brachten uns in unsere neu eingerichtete eigene Wohnung. Gemeinsam tranken wir noch einen Schluck, dann gingen meine Eltern, und ich war mit Yalda allein. Beide wussten wir, was nun zu tun war.

»Yalda«, sagte ich, »es ist jetzt meine Aufgabe, dir beim Ausziehen deines Kleides zu helfen.« Ich hatte Mühe. Das Kleid war oben eng geschnitten, nach unten hin aber weit gerüscht und ausladend. Eine Vielzahl kleiner Knöpfe hielt es auf Yaldas Rücken zusammen. Müde und angetrunken, wie ich war, nervte mich die Fummelei und ich fluchte leise. Was mochte Yalda denken? Sie wirkte still und verhalten.

»Geht es?«, fragte sie schüchtern.

Endlich hatte ich sie aus dem Stoffberg befreit. Da stand sie vor mir, meine Ehefrau. Sie war schön, attraktiv und begehrenswert. Und doch fehlte der ganzen Situation jeder Zauber. Ich war erschöpft und Yalda war es ganz offensichtlich sehr unangenehm, so bloß vor ihrem Ehemann zu stehen.

»Ich geh' jetzt duschen?«

Ich verstand trotz des Nebels in meinem Kopf. Sie wollte wissen, ob es jetzt so weitergehen würde, wie man es ihr in ihrer Hochzeitsvorbereitung angekündigt hatte. Ja, natürlich würde es das. Schließlich war es unsere Aufgabe. Wir mussten jetzt die *Mizwa* erfüllen, so wollten es die Regeln.

»Ja, Yalda, geh jetzt duschen. Danach werde ich mich auch waschen und dann komme ich zu dir.«

»Ist gut.«

Während Yalda sich vorbereitete, hatte ich Gebete zu sprechen.

Eingewickelt in ein Handtuch, kam Yalda aus dem Bad. Ich stellte mich unter die Brause. Würde es helfen, wenn ich lauwarm duschte, wie es der *Madrich* empfohlen hatte? Vielleicht würde ich mich dann klarer und wacher fühlen? Ich war aufgeregt, aber auch so müde. Ja, ich war erregt angesichts der Erwartung, nun endlich mit meiner Frau das Bett zu teilen. Und zugleich war dies alles so unwirklich. Ich hatte mir das anders vorgestellt. Näher. Wärmer. Zugewandter.

Als ich zurück ins Schlafzimmer kam, lag Yalda unter dem Laken, dass sie bis zum Kinn hochgezogen hatte. Ich vermutete, dass sie alles vorbereitet hatte, so, wie man es ihr erklärt hatte. Sie hatte wohl ein Handtuch auf die Matratze gelegt, das das zu erwartende Blut aufnehmen sollte. Auch die Tube mit dem Gel, dass ich auf dem Nachttisch hatte liegen sehen, hatte sie vermutlich benutzt. Nun wartete sie auf mich, aber Erwartung sah ich in ihren Augen keine.

Ich löschte das Licht, ließ das Handtuch, das ich um die Hüfte getragen hatte, fallen und schlüpfte zu ihr unter das Laken.

Ich hatte gebetet, dass gelingen möge, was das Gesetz von mir als Ehemann forderte. Aber meine Gebete wurden offenbar nicht erhört. Nicht in dieser Nacht. Den nackten Leib meiner Frau so nahe zu spüren, erregte mich. Aber ich war ohne Erfahrung und auch sie konnte mich in keiner Weise führen. Das Ergebnis war nicht nur unbefriedigend und erotisch enttäuschend. Es gelang mir nicht, in sie einzudringen, es gelang ihr nicht, mich einzulassen. Was eine intime, warme Begegnung hatte werden sollen, wurde immer mehr zu einem immer verzweifelteren Bemühen, doch endlich das hinzubekommen, was jetzt gefordert war. Schließlich verging mir die Lust; dass Yalda in dieser Nacht überhaupt welche gespürt hat, bezweifele ich heute.

Am nächsten Tag rief ich den *Madrich* an und erzählte ihm von unserer gescheiterten Nacht. Er wirkte nicht überrascht. »Probiert es weiter«, war sein Rat. Das taten wir. In der Nacht auf den Schabbat hatten Yalda und ich schließlich die Mizwa erfüllt.

VI

RISSE

Die sieben Segenssprüche sind gesagt. Yalda und ich haben den Wein unter der Chuppa getrunken und ich habe das Glas zertreten zum Zeichen dafür und zur Erinnerung daran, dass das jüdische Volk noch immer den *Maschiach* und die Rückkehr des Volkes nach Jerusalem erwartet. Eine Trauer, die wir trotz aller Freude des Festes nicht vergessen sollen. Wir sind jetzt Mann und Frau und sind auf dem Weg in den *Jichud-Raum*, um zum ersten Mal miteinander allein zu sein. Da drängt sich Yaldas Mutter an mich heran. »Wir haben uns viel Mühe mit unserer Tochter gegeben«, zischt sie mir leise zu. »Ich werde auf sie aufpassen. Du wirst sie nicht verderben!« Ich verstehe das nicht. Noch nicht.

■ ■ ■

Ich war gerade 20 Jahre alt, als ich zum Ehemann wurde, und alles, was ich hatte, um meine Ehe zu führen, waren mein Wunsch nach Freiheit und Selbstständigkeit, mein Begehren und die religiösen Regeln, die ich über das Zusammenleben von Mann und Frau gelernt hatte. Ich, wir beide hatten keinerlei Erfahrungen, auf die wir hätten zurückgreifen können. Wir waren nicht nur im Bett ungeübt, wir waren es in jeder Hinsicht. Ich wusste nicht, wie das geht: mit einer Frau zusammenzuleben. So klammerte ich mich an das, was mir gesagt worden war und was ich gelernt hatte über die Ehe und darüber, wie sie zu führen sei. Auch wenn ich manches sicher anders machen wollte als meine Eltern, so versuchte ich doch, das Projekt »Kinder und Familie« zu starten. Aber die Vereinigung der Seelen, zu der nach den Worten meiner Lehrer die Ehe führen sollte, so wie Gott einst die Seelen Evas und Adams zueinander geführt hatte, diese Vereinigung wollte sich einfach nicht einstellen.

In unserem Schlafzimmer hatten wir zwei Einzelbetten, die, wie bei orthodoxen Ehepaaren üblich, an jeweils gegenüberliegenden Wänden standen. Anders als üblich, schoben wir diese in den Wochen, in denen Yalda rein war, nebeneinander. Doch auch wenn wir unsere Intimität teilten, einander näher kamen wir nicht.

Ich war nach unserer Hochzeit nicht auf ein *Kollel* gegangen. Ich wollte arbeiten und erwartete, das Yalda den Haushalt führte, während ich meiner Arbeit nachging, so, wie ich es aus meinem Elternhaus kannte und wie die Rollenmodelle der Gemeinschaft es vorsahen. Meine Erwartungen wurden enttäuscht. Sie kochte nicht, sie sorgte nicht für Ordnung und Sauberkeit in der Wohnung, kümmerte sich nicht um die Wäsche, von der Vorbereitung des Schabbats ganz zu schweigen. Der wöchentliche Festtag, der ein Tag der Ruhe, der Frömmigkeit und nicht zuletzt der fröhlichen Gemeinschaft sein sollte, bei uns war er ein Tag des Streites und des wütenden Schweigens, wenn aller Zorn ausgesprochen war und nichts mehr blieb als graue Enttäuschung. Ich hatte keine Frau, die am Schabbatabend am festlich gedeckten Tisch im Kreise von Gästen die Leuchter anzündete. Ich hatte keine Frau, die ich als ihr Ehemann dann preisen konnte als die Königin des Hauses, die voller Umsicht und Sorgfalt ein ebenso koscheres wie behagliches Heim schuf. Alle Arbeit blieb an mir hängen.

Ich wollte das nicht. Ich forderte. Stritt mit ihr. Wir wurden laut miteinander. Sie weinte. Ich schwieg. Durfte ich so zu ihr sein? Sie versprach, sich zu bessern, gab sich Mühe. Sie tat mir leid. Wollte ich so zu ihr sein? Hilflosigkeit bei uns beiden. Schlechtes Gewissen. So kann das doch nicht gehen. Wie schaffen es all die anderen? Warum gelingen diese Ehen und unsere ist so schwer? Versöhnung, natürlich Sex. Ein neuer Tag, wieder ein Versuch. Wir sind doch ein Ehepaar und es muss doch gehen. Sagte denn nicht der Talmud in Sota 2a, dass 40 Tage bevor ein Embryo entsteht vom Himmel bestimmt wird: »Die Tochter von diesem wird den Sohn von jenem heiraten«?

Es ging nicht und es würde nie gehen. Es dauerte lange, bis ich das nicht nur begriff, sondern auch verstand, warum das so war. Meine Frau verhielt sich nicht so, wie sie sich verhielt, weil sie faul, stur oder gar bösartig war. Sie konnte schlicht nicht anders. Sie war vollkommen überfordert, von mir, von meinen Erwartungen, von der Rolle, die für sie vorgesehen war, vom Leben überhaupt. Dass Yalda nicht an vielen Dingen interessiert sein würde, dass sie mir keine Gesprächspartnerin auf Augenhöhe sein würde, das hatte ich gewusst. Alle aber, die ich gefragt hatte, hatten mich beruhigt. Das sei nicht schlimm. Eine Frau müsse, ja solle dem Mann gar kein Gegenüber sein.

Was mir nun aber nach und nach klar wurde und was mir niemand gesagt hatte: Ich hatte ein Kind geheiratet. Ein Kind, das den Körper einer erwachsenen Frau bewohnte, aber in der Weise, wie es die Welt sah und sich in ihr bewegte, nicht älter war als vielleicht 12 Jahre.

Yalda war in einem Internat aufgewachsen, außerhalb der Familie. Sie war betreut worden, schon seit ihrer frühen Kindheit, und erst nach und nach erkannte ich die

Hintergründe, die dazu geführt hatten, und die Folgen, die das eng betreute Leben außerhalb der Familie für sie nun offenbarten.

Was mir bald merkwürdig vorkam: Yalda schien nicht gut hören zu können. Manchmal, wenn ich in die Wohnung kam und sie mir den Rücken zuwandte, erschrak sie furchtbar, wenn sie gewahr wurde, dass jemand im Raum war. Dabei hätte sie nicht nur wahrnehmen müssen, wie ich aufschloss. Ich hatte sie auch angesprochen. Wir gingen zu einem Arzt und tatsächlich benötigte meine Ehefrau Hörgeräte. Warum war das vorher niemandem aufgefallen? Warum war sie 18 Jahre alt geworden, ohne dass jemand die Beeinträchtigung, unter der sie offensichtlich litt, wahrgenommen hatte? Hatte man so wenig auf sie geachtet? War sie niemandem wichtig genug gewesen?

Ich erfuhr nach und nach, dass die Situation in ihrer Familie nicht nur finanziell schwierig gewesen war. Sie war ein Zwilling und ihre Mutter hatte sie und ihre Schwester nicht nur nicht stillen können. Es war ihr unmöglich gewesen, ihre Kinder auch nur im Arm zu halten, geschweige denn, für sie zu sorgen. Ihr Vater hatte sich fast allein um die Zwillinge kümmern müssen, und als weitere Kinder kamen, war das Familienleben in Yaldas Zuhause immer problematischer geworden. Es wurde die Entscheidung getroffen, Yalda und vier ihrer Geschwister in das Internat zu geben, um die Familiensituation zu entlasten und den Kindern eine bessere Förderung zukommen lassen zu können.

■ ■ ■

Aber auch wenn Yalda schon lange nicht mehr in der Familie gelebt hatte, entkam sie ihrer Mutter und den anderen Familienangehörigen nicht. In den chassidischen Gemeinschaften ist es undenkbar, mit der Familie, mit dem Vater oder der Mutter zu brechen. Der oder die Einzelne ist zuerst ein Teil des Kollektivs Familie und erst dann ein Individuum. So musste ich feststellen, dass ich zwar Yalda geheiratet hatte, in gewisser Weise aber ihre ganze Familie mit uns in unserer Wohnung lebte. Es machte mich wahnsinnig!

Oft kam ich während unserer Ehe abends nach Hause und fand meine Frau aufgelöst vor. Ihr Mutter hatte sie am Telefon wieder zurechtgewiesen und beschimpft. Es dauerte manchmal Stunden, bis ich sie beruhigen konnte. Yalda war ein leichtes Opfer. Sie konnte sich nicht gegen die ständigen Vorhaltungen wehren. Dazu fehlte ihr das Selbstbewusstsein. Dazu war sie aber auch zu sehr das Kind, das sich nach der Zuwendung der Mutter sehnte und sich auf den Rat anderer verließ.

Anlass für die Tiraden der Schwiegermutter oder die Einmischung anderer von Yaldas Verwandten waren oft die Schwierigkeiten, die Yalda und ich miteinander hatten. Hatte ich mich beklagt, dass Yalda ihren Aufgaben nicht gerecht wurde, berichtete sie ihrer Mutter von meinem Unmut. Das nahm die Mutter zum Anlass, Yalda oder mich oder uns beide und unsere Ehe zu beschimpfen. Mutter und Tochter waren in einem toxischen Verhältnis gefangen, und mit meiner Beteiligung wurde aus dem Ganzen eine unerträgliche, vergiftete Dreiecksbeziehung. Yalda und ich hatten eine Auseinandersetzung, sie wandte sich hilfesuchend an ihre Mutter, die beschimpfte sie als unfähig, eine Ehe zu führen, und überhaupt habe sie schon immer nichts getaugt und immer nur gefordert. Außerdem sei ich nicht der richtige Mann für sie und würde ihr nicht guttun. **137**

Ich fand eine verzweifelte Frau vor und wurde zugleich selbst immer verzweifelter über diese ganze Situation. Es gab kein Entrinnen. Das Ganze hätte nur dann ein Ende gefunden, wenn Yalda in der Lage gewesen wäre, das Problem, das ihre Mutter und sie miteinander hatten, wirklich zu erfassen. Das aber konnte sie nicht. Sie war ja nicht wirklich erwachsen, sondern in einer kindlichen Weise fixiert darauf, dass ihre Mutter oder jemand aus ihrer Verwandtschaft, der es gut mit ihr zu meinen schien, ihr helfen könne, wenn es in ihrem Leben Probleme gab.

Was konnte ich nur tun? Wie sollte das nur weitergehen? War ich denn nicht der Ehemann, der ein Recht hatte, die Regeln, die in seiner Ehe und Familie gelten sollten, zu bestimmen? Ich erinnerte mich an einen Kommentar Rashis zum 5. Gebot: Die Verpflichtung Vater und Mutter zu ehren sei in der Torah grammatisch im Maskulinum gehalten. Das bedeute: Nur der Mann sei verpflichtet, Vater und Mutter zu gehorchen. Eine verheiratete Frau aber habe den Anordnungen ihres Ehemannes auch gegen den Willen ihrer Eltern Folge zu leisten.

Also verbot ich meiner Frau, ihre Mutter zu treffen und mit ihr zu telefonieren, so wie ich ihr auch verbot, mit anderen ihrer Verwandten Fragen zu besprechen, die allein uns beide betrafen. Ich wollte, dass Yalda und ich unsere Probleme in den Griff bekamen, und ich wollte nicht mehr, dass Yaldas Mutter samt Familie bei uns mit am Tisch saß. Meine Schwiegermutter war außer sich, als ich sie von meiner Entscheidung und der Begründung dafür in Kenntnis setzte. Aber solange es gelang, die Einmischungen von außen so gering wie möglich zu halten, fanden meine Frau und ich zu einem erträglichen Zusammenleben. Wir stritten weniger, organisierten uns

in unserem Alltag und fast schien es, als könne die Zweck-
gemeinschaft, als die ich die Ehe zu sehen lernte, gelingen.

Aber es gelang mir nie lange, unseren gemeinsamen
Raum dauerhaft geschützt zu halten. Immer wieder
wurde dann doch telefoniert, kam dann doch wieder jemand vorbei und alles begann von vorn. Das zermürbte
mich über die Monate und Jahre hinweg, in denen ich
diese Ehe führte. Meine Kraft schwand. Es funktionierte
nicht, unsere Ehe funktionierte nicht. Es würde uns nie
gelingen, einen Raum zu haben, der nur uns beidem gehören würde. Ich würde meine Ehe immer in der Öffentlichkeit der Familie und unter der Einmischung von anderen
führen müssen. Ich merkte, dass ich das auf Dauer nicht
würde ertragen können.

■ ■ ■

»Ich glaube nicht, dass ich diese Ehe fortführen kann.«

»Was ist denn los? So bald schon Probleme?« Ich habe
den *Madrich* aufgesucht, der mich vor meiner Hochzeit
über meine Pflichten als Ehemann in der Hochzeitsnacht
aufgeklärt hatte.

»Sie ist wie ein Kind. Sie tut nichts von sich aus. Alles
muss ich ihr sagen und in allem muss ich sie anleiten. Es
ist so mühsam. Sie ist so unbedarft, so einfältig und hat
von überhaupt gar nichts eine Ahnung. Sie ist mir kein
Gegenüber. Es ist nicht zum Aushalten! Ich versuche, so
geduldig zu sein, wie ich nur kann. Aber manchmal, wenn
es richtig Krach gibt, dann streiten wir nicht wie erwachsene Menschen. Sie tobt dann. Wirft mit Sachen nach
mir und hört überhaupt nicht zu. Sie versteht gar nicht,
worum es mir geht!«

Es bricht aus mir heraus. Meine Verbitterung, meine Enttäuschung, meine Verzweiflung. »Ich bitte dich, triff dich einmal mit ihr. Mache dir ein Bild und rate mir, was ich tun soll!«

Der *Madrich* hat einen guten Ruf als jemand, der Ehepaaren mit Problemen weiterhelfen kann. Ich bin froh, als er einwilligt und als auch Yalda einem Treffen mit ihm zustimmt.

Das Ergebnis ernüchtert mich.

»Und welchen Eindruck hast du von ihr?«

Nach dem Treffen mit Yalda hat der *Madrich* mich angerufen und mich zu sich gebeten.

»Es stimmt, was du gesagt hast, es ist wirklich nicht leicht, ein Gespräch mit ihr zu führen.«

»Und wie viele Paare hast du gesehen, die so unterschiedlich sind?«

Er denkt eine Weile nach, dann schaut er mich an: »Vielleicht vier, die so extrem auseinanderlagen.«

»Und von den vier Paaren, wie viele sind zusammengeblieben?

»Kein Paar«, seufzte er. »Nicht ein einziges.«

Da war es. Jetzt war es ausgesprochen.

Aber Yalda war schwanger. Ich sollte Vater werden. Ich konnte nicht gehen.

. . .

Im November 2005 wurde unser Sohn geboren. Es gibt ein Foto von diesem Tag, auf dem ich ihn im Arm habe. Ich schaue ihn an und strahle. Ich sehe glücklich aus. Und ich war es auch. Mochte meine Ehe schwer sein, mochte ich auch das Gefühl haben, in etwas Falsches hineingeraten zu sein, dieses Kind war richtig. Es war schön. Es war ein Wunder Gottes, das mir anvertraut war, damit ich es behütete. Ich wollte der Vater dieses Kindes sein. Ich wollte für meine Familie sorgen.

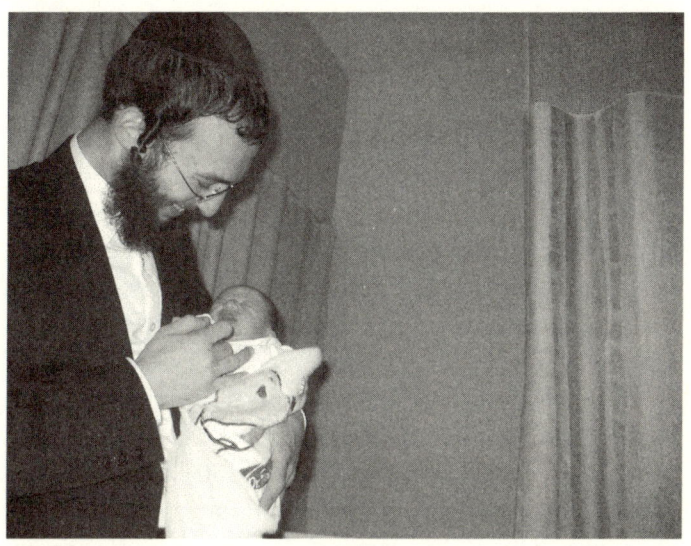

Das konnte ich nicht, wenn ich nur das *Kollel* besuchte, um mein Studium von Torah und Talmud fortzusetzen. Mein Vater hätte gerne gesehen, dass ich mich, wie er es tat, fast ausschließlich auf die Vervollkommnung meiner Kenntnisse konzentrierte. Aber anders, als er hatte ich eine Frau, die nicht in der Lage war, zum Familienunterhalt beizutragen. Ein paar Gelegenheitsjobs würden uns nicht genügen. Ich musste Arbeit finden.

Nun ist es mit der Arbeit in der ultraorthodoxen Welt so eine Sache. Es gibt keine strukturierte Berufsausbildung und kein Studium, das junge Frauen oder junge Männer auf nicht religiöse Tätigkeit vorbereiten könnte. **141**

Ich hatte die Yeshiva besucht, ich war als Rabbiner ordiniert. Aber wenn man mich fragte, was ich konnte, dann musste ich ehrlicherweise antworten: »Lesen, schreiben und diskutieren.«

Zumindest, dass ich lesen und schreiben konnte, half mir zunächst weiter. Ich gab meinen Job als Maschgiach im Fischrestaurant auf und begann, eine selbstständige Tätigkeit als *Sofer*, als Schreiber. Ich war darin nicht ganz ungeübt. Schon mit 16 hatte ich an einem Schabbatnachmittag überlegt, dass ich mir das Kopieren der Texte, die in die Gehäuse der *Tefillin* und in die *Mezuzot* an den Haustüren frommer jüdischer Familien gelegt werden, beibringen könnte. Ich studierte die Regeln, die es dafür gab, und kaufte mit Feder, Tinte und Pergament. Eine Zeit lang übte ich für mich allein. Dann fragte ich einen professionellen *Sofer* in Monsey, wieviel es kosten würde, wenn er mir etwas beibringe. Er meinte, dass er für eine Schulung normalerweise 1.200 Dollar nehmen würde, aber weil ich schon etwas könne, würde ihm in meinem Fall die Hälfte genügen. So lernte ich, die korrekten Texte zu identifizieren, die hebräischen Buchstaben schön zu schreiben und richtig zu setzen. Ich lernte, die Feder so zu schneiden, dass die Tinte gleichmäßig fließen konnte, übte, die Pergamentstücke mit den einzelnen Zeilen zusammenzunähen und sie so zu falten, dass sie ohne Schaden in die Kästchen der *Tefillin* passten, und nicht zuletzt brachte er mir bei, welche Körperhaltung bei dieser Arbeit die beste ist, damit Rücken und Schreibhand nicht verspannen.

Die Arbeit gefiel mir. Sie verlangte ein hohes Maß an Genauigkeit und es war eine religiöse Arbeit. Denn das Abschreiben des Textes gilt als Handlung, die religiösen

Ernst und fromme Hingabe verlangt. Es war ein Dienst, ähnlich wie ihn die Mönche im Mittelalter in den christlichen Klöstern Europas leisteten, wenn sie kostbare Bibeln und theologische Werke kopierten. Aber die Arbeit brachte nicht viel ein. Und meine Familie wuchs.

Ich arbeite als Sofer.

■ ■ ■

Ich war nach der Geburt meines Sohnes glücklich, Vater zu sein. Ich versuchte, mich mit meinem Unglück, Ehemann zu sein, zu arrangieren. Yalda und ich fanden zu einer Art Burgfrieden. Ich ging meiner Arbeit nach, war nicht oft zu Hause, und wenn ich zu Hause war, dann bemühten wir beide uns, so behutsam und friedlich wie möglich miteinander umzugehen, auch wenn die Spannung zwischen uns stets spürbar blieb.

143

Aber wir hatten eine gemeinsame Aufgabe. Wir waren Eltern. Wir hatten Pflichten, die wir gemeinsam bewältigten. Yalda lernte, unseren Sohn zu stillen und die Windeln zu wechseln. Da, wo sie unsicher war, konnte ich einspringen und helfen. So sonderbar es mir heute auch erscheint: Unglücklich aneinandergekettet, wie wir waren, und gefangen in den Regeln, die wir beide kannten, suchten wir auch Trost und Nähe beieinander.

Der *Mischna* lehrt, dass eine Frau, die ein Kind stillt, nicht schwanger werden kann (Nida 1,4). Das war alles, worauf wir uns als junge Eheleute von Anfang 20 verließen. Auch wenn man natürlich wusste, dass es andere Methoden, um eine Schwangerschaft zu vermeiden, gab, wurden diese in der Regel in der Gemeinschaft nicht angewendet. Es ging in der Ehe ja gerade darum, viele Nachkommen zu haben. Wenn ein Ehepaar keine Kinder mehr wollte, dann mussten es zunächst den Rat eines Rabbiners einholen. Erst wenn dieser zustimmte, konnte die Frau sich z.B. ein Diaphragma einsetzen lassen. Uns, die wir nur ein Kind hatten, hätte kein Rabbiner diese Erlaubnis erteilt. Als ich darum einmal versuchte, in einer Apotheke einen rezeptfreien Verhütungsschwamm zu kaufen, fragte mich der Apotheker ohne Umschweife, ob ich dafür denn die Erlaubnis meines Rabbiners hätte. Als ich verneinte, weigerte er sich, mir das Verhütungsmittel zu geben.

Fünfzehn Monate nach unserem Sohn brachte Yalda eine Tochter zur Welt.

■ ■ ■

Ich musste mehr Geld verdienen. Von Anfang an hatte das
Einkommen, das ich als *Sofer* erzielen konnte, nicht aus-

gereicht, und ich hatte zusätzlich in einer Fensterfabrik ausgeholfen. Nun versuchte ich, besser bezahlte Arbeit zu bekommen. Ich verdingte mich als Fahrer, trug Zeitungen aus, betreute einen alten, pflegebedürftigen Mann, baute Klimageräte ein und landete schließlich bei einer Firma, die Schmonzes importierte. Das Unternehmen kaufte billigen Klimbim in Asien, der dann in Bnei Brak und Jerusalem in Geschenkeläden, Kiosken und dergleichen weiterverkauft wurde. Betrieben wurde das Geschäft von einem Vater und zweien seiner Söhne. Der Vater übernahm den Einkauf in Asien, die Söhne waren für den Vertrieb zuständig. Ich hatte die Ware auszupacken, ins Lager zu nehmen und zu den Kunden zu bringen.

Für mich waren die Monate, in denen ich mit diesen Dreien zusammenarbeitete, eine völlig neue Erfahrung. Ich kannte bisher nur die streng religiöse Welt der Yeshiva und der Gemeinschaft. Eine fromme Welt, in der alle, die darin lebten, eine furchtbare Angst davor hatten, den Zorn des Ewigen wegen der Übertretung einer Regel auf sich zu ziehen. Nun lernte ich eine andere Seite der orthodoxen Wirklichkeit kennen.

Wie diese aussieht, beschreibt eine Geschichte, die ich später hörte, sehr anschaulich: Ein Tourist kommt nach Bnei Brak. Er möchte die Stadt kennenlernen, so, wie die Bewohner sie kennen und erleben. Er will nicht nur das sehen, was alle sehen, wenn sie bewaffnet mit den üblichen Reiseführern in die Stadt kommen. So bittet er einen Chassid, ihn zu führen. Der ist einverstanden. Die beiden verbringen einen unterhaltsamen und für den Touristen sehr anregenden Tag miteinander. Am Abend, als der Tourist sich verabschieden will, erklärt sein Stadtführer: »Es freut mich, dass ich Ihnen eine

Freude machen konnte. Jetzt bekomme ich 500 Dollar von Ihnen.« Der Tourist ist verblüfft und stammelt: »Aber wir haben nicht über Geld gesprochen. Ich bin davon ausgegangen, dass Sie mir einen Gefallen tun!« »Ich bitte Sie«, tobt der Chassid sofort los. »Wollen Sie etwa einen ganzen Tag meine Zeit in Anspruch nehmen, ohne mich dafür zu entlohnen!? 500 Dollar – und wir können das gerne vor einem Richter besprechen.« Der Tourist ist nicht gewillt, klein beizugeben. »Richter? In Ordnung. Sie werden schon sehen, was Sie davon haben!« Was der Tourist nicht weiß: Orthodoxen Juden ist es untersagt, ein weltliches Gericht anzurufen. Streitigkeiten werden also nicht vor den staatlichen Gerichten des israelischen Justizsystems geklärt, sondern vor einem so genannten *Bet Din*, vor einem Rabbinatsgericht, das den Regeln der Halacha folgt. Also finden die beiden sich im *Bet Din* von Karelitz wieder, dem bekanntesten religiösen Gericht von Bnei Brak. Die Rabbiner dort hören sich an, was beide zu sagen haben. Sie schauen ernst, sie streichen ihre Bärte, wiegen die Köpfe und urteilen schließlich auf einen »Kompromiss«: der Tourist soll 250 Dollar zahlen. Zornesrot verlässt er mit dem Chassid das Gericht. Worauf hat er sich da nur eingelassen! Die Polizei hätte er rufen sollen! Auf den Treppenstufen dreht sich sein Begleiter um und grinst seinen Gast an: »Hatten wir nicht einen wunderbaren Tag?!«, spricht er, und gibt dem Touristen die 250 Dollar zurück.

»Wie jetzt?« Der Tourist ist jetzt ganz verstört. »Na, wir hatten vereinbart, dass ich Ihnen ein umfassendes Bnei Brak Erlebnis verschaffe. Das habe ich jetzt getan!«

Die Geschichte hat zwei Pointen. Einerseits macht sie
deutlich, wie sehr die orthodoxen Gemeinschaften auch

innerhalb Israels eine Sonderwelt sind, in denen ganz andere Regeln gelten als in der Mehrheitsgesellschaft. Ein wichtiges Kennzeichen dieser Sonderwelt ist es, dass man versucht, Behörden und das staatliche Justizsystem nach Möglichkeit draußen zu halten.

Dann macht die kleine Geschichte aber auch deutlich, dass die anderen Regeln sehr eigentümlich und unberechenbar sind. Rabbinatsgerichte sind eben genau das: Rabbinatsgerichte. Hier sitzen Männer zu Gericht, die Torah, Talmud und Halacha gelernt haben, und zwar genau so, wie auch ich diese alten Texte gelernt und miteinander ins Gespräch gebracht habe. Das Recht besteht hier nicht aus Begriffen, Definitionen und daraus gebildeten Rechtssätzen und Gesetzen, die Allgemeingültigkeit für sich beanspruchen. Das Recht ist Auslegungssache auf dem Hintergrund von Auslegungen der alten Texte, die die Regeln für das Leben und Zusammenleben der Ultraorthodoxen enthalten.

Die Folge ist zum Beispiel, dass derselbe Fall von zwei verschiedenen Rabbinatsgerichten sehr unterschiedlich beurteilt werden kann, beide Urteile aber gleiche Gültigkeit besitzen und nicht anzufechten sind. Es gibt keine Berufungsinstanzen. Das Recht wird so zu einer Frage der Perspektive derjenigen, die gerade über einen Fall zu urteilen haben, und damit in einem hohen Maß subjektiv. Wie kompetent sind die, die diese Perspektive entwickeln? Kennen sie sich in Torah, Talmud und Halacha wirklich aus? Und wer achtet darauf, dass sie in ihrem Amt nicht Blickwinkel einnehmen, die weniger den Interessen des Rechts als den eigenen dienen?

Die Folge dieser Unsicherheiten ist: Viele Ultraorthodoxe sind der Meinung, dass das Recht eben Ansichtssache sei. Das bekam ich nun als Hilfsarbeiter in einem Familienunternehmen zu spüren. Der vereinbarte Lohn wurde bezahlt. Oder er wurde eben nicht bezahlt, oder nicht vollständig. Gründe dafür gab es immer. Einmal hieß es, alle Mitarbeiter sollten neue Mobiltelefone erhalten. Als diese kamen, erhielten alle eines, bis auf einen. Ich gebe zu, dass ich mir gedacht habe: Wenn das so ist, kann ich das auch. Dann fiel eben ein Karton so unglücklich vom Laster, dass die Ware darin unverkäuflich wurde – jedenfalls für den Kunden, der sie hätte bekommen sollen, und jedenfalls aus meiner Perspektive. Dass ich später für die »beschädigte« Ware noch einen anderen Abnehmer fand, den der Chef nicht kannte, musste ja niemand wissen.

Ich hatte keine Wahl. Ich brauchte Geld für meine Familie, aber ich fühlte mich nicht wohl dabei. Hatte ich nicht mehr als 15 Jahre meines Lebens damit zugebracht, aus alten Texten und Regeln das Richtige und Rechte herauszulesen. Sollte ich als Chassid nicht ein rechtschaffenes Leben führen? Ja, bedeutete dieses Wort nicht genau das: »der Rechtschaffene«? So gab ich mir Mühe, nur so viel Ware abzuzweigen, wie ich meinte, dass mir Lohn vorenthalten wurde.

Dabei spürte ich, wie etwas in mir auseinanderfiel, wie das Weltbild, mit dem ich erwachsen geworden war, das man mir anerzogen hatte, Risse bekam. Hatte ich bisher nur unter der Macht und der Enge der Regeln gelitten, diese aber akzeptiert, weil sie es ja gut mit mir meinten und mich Gott näherbringen sollten, so kamen jetzt Fragen, die ich bisher nie gestellt hatte.

»Verschwinde! Ich rede nicht mit euch Ultraorthodoxen!«

Ich bin in Ramla, einem Ort im Großraum Tel Aviv ungefähr fünfundvierzig Autominuten südöstlich von Bnei Brak. Ich habe mich verfahren und halte an einem Kiosk, um nach dem Weg zu fragen. Der Mann in dem kleinen Verschlag fixiert mich finster. Meine schwarz-weiße Kluft, *Kippa* und Schläfenlocken provozieren ihn sichtlich.

»Los, verschwinde! Ihr geht mir vielleicht auf die Nerven! Frommes Schmarotzerpack, das nicht einmal weiß, wie es von A nach B kommt! Zu nichts zu gebrauchen ... .«

Es ist keine schwarze Frau an einer Kreuzung, dir mir ihre wütende Verachtung hier entgegenschleudert. Es ist ein Jude. Ich bin in Israel. Die meisten Menschen um mich herum sind Juden. Ich werde in Israel als Jude von einem Juden wegen meines Judeseins beschimpft.

Sprachlos stolpere ich zurück zu meinem Auto. Was ist hier los? Ich sollte es nach und nach begreifen. Was ich begriff, machte meine Fragen nur größer.

■ ■ ■

Das Verhältnis der Ultraorthodoxen und besonders der Satmarer Chassidim zu Israel ist gespalten. Schon Joel Teitelbaum, der Rebbe, der die Satmarer-Gemeinschaft gründete, war in seiner Haltung nicht sehr eindeutig.

Einerseits lehnte er den Zionismus, also die jüdische Bewegung, die einen eigenen jüdischen Staat anstrebte, vehement ab. Der Talmud verbiete es, dass das jüdische Volk unter Anwendung von Macht und Gewalt in das Heilige Land zöge. So ist es in Ketubot 111a bestimmt, wo Gott die Menschen mit den drei Schwüren belegt. Die Juden sollen im Exil verharren, bis der *Maschiach* kommt, und nicht mit Gewalt in das Heilige Land zurückkehren, und die Völker sollen das jüdische Volk nicht zu sehr unterdrücken.

Wenn die Juden die Rückkehr in das Land erzwingen, dann laden sie Schuld und Sünde auf sich. Das aber verzögere das Kommen des *Maschiach*. Denn erst, wenn das Volk, wenn jeder Einzelne rein und frei von Sünde sei, dann könne dieser kommen und das Volk erlösen. Mit der Erlösung aber sei auch die Sammlung des Volkes am Zion verbunden, also die Rückkehr ins Heilige Land. Die Aufgabe sei darum nicht die Gründung eines Staates aus dem Willen der Menschen. Das sei Anmaßung. Die Aufgabe sei es, den Willen Gottes aus Torah und Talmud zu erkennen und diesem Willen Folge zu leisten.

Diese Ideologie ist so fest in der Gemeinschaft verankert, dass die Satmarer Chassidim regelmäßig in New York gegenüber vom israelischen Konsulat in Manhattan Demonstrationen gegen Israel veranstalten. Man muss sich das vorstellen: Nach dem Holocaust demonstrieren Juden gegen genau den Staat, der sich nach der fast vollständigen Ermordung der Juden in Europa als sichere Heimat für alle Juden versteht.

Aber es geht noch weiter. Viele Satmarer sind der Meinung, der Staat Israel setzte den Holocaust fort. Die Nazis hätten die Körper der Juden getötet. Die Juden, die den Staat Israel errichteten und aufrechterhielten, machten sich nun aber daran, die Seele der Juden und des Judentums umzubringen. Teitelbaum meinte, die Zeit nach dem Holocaust sei eine besondere gewesen. In dieser Zeit, nach diesen großen Opfern, habe der *Maschiach* kommen können. Die Zionisten aber hätten mit ihrer Ungeduld und der Staatsgründung genau dieses Kommen verhindert.

Nun aber würden im Heiligen Land zu viel Sünde, Regellosigkeit und Abkehr von Gott herrschen. Und die Abkehr von Gott ist der Tod der Seele, der Tod des Judentums.

Seine strikte Ablehnung des Staates Israel hinderte Teitelbaum aber nicht daran, dass Heilige Land oftmals zu besuchen. Und Ultraorthodoxe, die heute noch die Positionen des Rebbe teilen, haben keine Probleme damit, im Heiligen Land selbst zu leben. Das funktioniert, indem man einfach zwischen dem Heiligen Land und dem Staat Israel unterscheidet. Natürlich möchte man da leben, wohin Gott Moshe führte, wo Yehoshua das Land eroberte, wo der Tempel stand und es die heiligen Orte gibt, an denen die Wunder der Offenbarungen Gottes geschahen. Gerade hier, auf diesem Boden, ist man als Frommer Gott doch viel näher als in einer Wohnsiedlung in der Nähe von New York. Dass dieser heilige Boden auch das Hoheitsgebiet eines Staates namens Israels ist, ist ein Zufall der Geschichte und von keinerlei Bedeutung. Im Grunde verhalten sich viele ultraorthodoxe Gemeinschaften in Israel so, wie sie sich auch in Nordamerika verhalten. Sie verstehen sich als fromme, religiös besondere Gemeinschaft von Gottesfürchtigen inmitten einer Welt von Feinden.

■ ■ ■

In Lakewood und in Monsey hatte ich diese Weise, die Welt zu sehen, nicht hinterfragt. Ich war jung, eingebunden in die strikte religiöse Disziplin der Yeshiva und der Familie und in dem festen Glauben, dass das, was man mich lehrte, die Wahrheit sei. Natürlich gab es die Außenwelt. Natürlich hatte ich Berührungen mit dieser Welt. Aber was ich dort kennenlernte und erfuhr, erschien mir ja selbst, so verlockend es auch sein mochte, sündhaft und verdorben. Meine Besuche in Atlantic City, das waren ja keine Ausbrüche aus der Gemeinschaft gewesen. Ich war einfach neugierig und abenteuerlustig gewesen. Ich war, auch in meiner eigenen Wahrnehmung, schuldig geworden, hatte eine Sünde begangen, indem ich mich auf die Verführung, die von der Welt der *Goyim* ausging, eingelassen hatte.

Aber konnte ich auch in Israel die Welt um unsere chassidische Gemeinschaft herum als feindlich wahrnehmen? Waren das lauter Menschen, die mir mit ihrer Verführungskunst nach dem Heil meiner Seele trachteten? Werkzeuge, die der Teufel auf uns ansetzte? Oder waren das nicht auch: Juden?

Menschen, die z.B. wussten, was Schabbat ist. Wenn wir in Monsey vom Schabbatgottesdienst kamen, dann waren die Straßen nicht leer. Die *Goyim* hatten keinen Ruhetag, sondern den ersten Tag des Wochenendes, an dem Einkäufe erledigt wurden und man vielleicht aufs Land oder eben nach Atlantic City fuhr. In Bnei Brak fuhr ich am Schabbat keine Waren aus. Der Verkehr ruhte, die jüdischen Läden waren geschlossen. Es war Schabbat.

Wenn ich außerhalb von Bnei Brak unterwegs war, dann begegneten mir dort keine *Goyim*, sondern jüdische Männer und jüdische Frauen. Männer, die in cooler Kleidung lässig in Straßencafés saßen und offenbar nicht das Gefühl hatten, ihr Torahstudium zu vernachlässigen, Frauen, die nicht zu Boden sahen, wenn ein Mann ihnen begegnete. Die ihre Körper nicht verbargen, um die Reinheit der Gedanken der Männer nicht zu gefährden, sondern ihre Weiblichkeit geradezu feierten. Und ich sah diese jüdischen Männer und diese jüdischen Frauen ganz unbefangen miteinander umgehen. Konnte ich diese Menschen, so, wie wir es mit den *Goyim* machten und wie es meine Mutter mit der »freien Yid«, der wir im Park in Lakewood begegnet waren, gemacht hatte, einfach zu verworfenen Sündern erklären?

Ich zweifelte. Ich zweifelte auch, weil ich zugleich sah, dass diese Jüdinnen und Juden ihr Judentum nicht einfach abgelegt hatten. Es war ja nicht nur der Schabbat, der ihnen offenbar nicht einfach gleichgültig war. Fast jeder Supermarkt, selbst die, die von den Ultraorthodoxen gemieden wurden, weil die Rabbiner sie verboten, verkaufte fast nur koschere Lebensmittel. Wenn die jüdischen Feste gefeiert wurden, kamen auch bei den säkularen Juden die Familien zusammen. Sie hielten sich an die jüdischen Traditionen und lebten in und mit der Geschichte unseres Volkes. Das sollten Sünder, das sollten Feinde unserer Gemeinschaft sein?

Feinde obendrein, die uns ja gar nichts taten, im Gegenteil, von denen wir profitierten. Die Straßen, auf denen ich fuhr, wenn ich meine Waren auslieferte: gebaut vom Staat Israel und den jüdischen und arabischen Bürgern dieses Staates, die ihn am Laufen hielten. Die Wasserversorgung, die Stromversorgung, das Gesundheitswesen, das Militär – all das ermöglichte auch uns Ultraorthodoxen ein angenehmes und relativ sicheres Leben. Und wir taten nicht nur so, als ginge uns das nichts an, sondern beschimpften diese Welt sogar.

So gibt es die bekannte Geschichte vom Besuch David ben Gurions bei dem berühmten Rabbiner der Chazon Ish, dem Führer der Ultraorthodoxen in Bnei Brak. Als diese sich Anfang der 1950er-Jahre treffen, um darüber zu beraten, wie ultraorthodoxe und säkulare Juden im jungen Staat Israel zusammenleben können, stellt der Chazon Ish dem Premierminister eine Frage: »Wenn sich an einer sehr schmalen Brücke ein voller und ein leerer Wagen begegnen, welcher Wagen muss dann dem anderen die Vorfahrt gewähren?« Im Talmud in Sanhedrin 32b ist dazu festgestellt, dass der volle Wagen das größere Recht hat, die Brücke zu benutzen. Was der Chazon Ish damit sagen will, ist: Säkulare Juden, die keine Mizwot erfüllen und sich nicht an die Regeln von Torah und Talmud halten, haben einen leeren Wagen. Sie haben den Ultraorthodoxen das größere Recht einzuräumen. Ben Gurion antwortete: »Und das Bauen von Städten, die Erschaffung einer Heimat für die verfolgten Juden der Welt und die Verteidigung dieser Heimat, das alles erfüllt keine *Mizwa*?« Darauf der Chazon Ish: »Das alles könnt ihr nur tun, weil wir Torah lernen und euch dadurch die Kraft vermitteln, die ihr braucht.«

Es ist genau diese Haltung, die viele Ultraorthodoxen noch heute pflegen: Sie haben den »vollen Wagen«, der die Existenz des Staates, von dem sie sich selbst so weit wie nur möglich fernhalten, überhaupt erst möglich macht.

Nach und nach begann ich zu ahnen, warum der Mann im Kiosk mich so heftig zurückgewiesen hatte. Vielleicht hatte er einen Sohn oder eine Tochter, die in der Armee Dienst tat, wie es die Pflicht aller jungen Israelis ist, wenn sie keine Yeshiva besuchen. Vielleicht sorgte er sich um sein Kind. Und da komme ich, der junge, dienstfähige Ultraorthodoxe, der die Gefahren dieses Dienstes leicht umgehen kann, und frage nach dem Weg.

Ich ahnte: Der Kioskbesitzer hatte möglicherweise Recht. Wir leisteten keinen Beitrag, und wir konnten auch keinen Beitrag leisten. Wie viele ultraorthodoxe

Ingenieure gab es denn? Wie viele Ärzte und Hochschullehrer? Von Ärztinnen und Hochschullehrerinnen ganz zu schweigen. Wir lebten inmitten einer modernen Gesellschaft mit einem Weltbild aus dem 18. Jahrhundert und behaupteten, dass genau dieses Weltbild von vorvorgestern das einzig wahre sei. Waren wir in den Augen der nicht ultraorthodoxen Juden nicht einfach nur Heuchler, die in religiöser Arroganz die ablehnten, von deren Engagement sie lebten? Und ging die Heuchelei nicht sogar noch viel tiefer?

■ ■ ■

Mein Bruder ist von meinem Vater nach Israel geschickt worden. Ari ist sieben Jahre jünger als ich und soll an einer Yeshiva in Bnei Brak studieren. Ich habe zwischenzeitlich wieder einmal die Arbeitsstelle gewechselt und kann meine Erfahrungen im Handel jetzt als Lagerleiter in einer Supermarktkette einbringen. Es geht uns wirtschaftlich jetzt ganz ordentlich und ich habe mich auch äußerlich verändert. Ich lege die Kleiderregeln der Gemeinschaft für mich nicht mehr so streng aus. Ich trage bei der Arbeit T-Shirt statt Hemd und Arbeitsschuhe mit Stahlkappen statt der erlaubten schwarzen Lederschuhe. Ich will sicher sein, dass ich mir nicht die Zehen breche, wenn beim Hantieren mit der Ware etwas herunterfällt. Bei der Arbeit lege ich meine Pejes hinter die Ohren und trage Kippa ohne Hut.

Mein Bruder wohnt im Internat der Yeshiva und ich besuche ihn fast jeden Abend. Dabei lerne ich auch einige seiner Mitschüler kennen. Der Leitung der Yeshiva fällt auf, dass ich einen guten Zugang zu den Schülern finde, **155** und schließlich werde ich gefragt, ob ich nicht als Rabbiner in der Yeshiva arbeiten möchte. Es ist kein Vollzeitjob. Aber da ich gleichzeitig die Möglichkeit bekomme, im Marketing einer Firma zu arbeiten, die Filter für ein koscheres Internet anbietet, willige ich ein.

■ ■ ■

Ich trage meine Pejes wieder offen, setze den Hut wieder auf, tausche das T-Shirt wieder gegen das weiße Hemd – und bin auf der Seite der Macht. Ich bin jetzt einer von denen, die in der Yeshiva die Regeln repräsentieren, sie erklären und durchsetzen sollen. Kann ich das? Kann ich das noch?

Ich erkenne in den Jugendlichen, die mir begegnen, mich selbst, als ich in ihrem Alter war. Die Gewissheiten der Kindheit gehen langsam verloren. Auch die Selbstverständlichkeit, mit der man Autoritäten akzeptiert. Wo Angst war, regen sich jetzt Widerspruch und manchmal Zorn. Man spürt, dass sich etwas ändert, nicht nur, weil das Begehren erwacht und das Verlangen nach der »Sünde« einen plagt. Auch die Gemeinschaft fängt an, einen mit anderen Augen zu sehen. Kritischer, misstrauischer. Heute weiß ich: In diesen Jahren der Pubertät entscheidet sich vielfach, ob die Jungen als Männer dabeibleiben und der Gemeinschaft die Treue halten, oder ob sie gehen werden. Es ist die kritische Phase, in der sie zu ihrer Identität finden. Wird diese eine fromme sein oder nicht?

In Israel ist diese Frage für die chassidischen Gemeinschaften viel bedeutsamer als für die Chassidim in Amerika. Dort ist die Welt der *Goyim* außerhalb der Gemeinschaften eine radikal andere. Es ist leicht, diese als verworfen, bedrohlich, ja feindlich darzustellen. Aber in Israel ist die Außenwelt eine jüdische.

Das hat einerseits zur Folge, dass die Chassidim diese als noch verworfener als die Welt der *Goyim* darstellen. Diese können ja nichts für ihre Sündhaftigkeit, denn ihnen ist das Gesetz ja nicht offenbart worden. Sie sind verloren, aber nicht aus eigener Schuld. Die Juden aber, die nicht chassidisch oder wenigstens orthodox leben, sie könnten das Gesetz kennen, entscheiden sich aber bewusst dagegen, es zu befolgen. Das ist die größte Sünde überhaupt.

Allerdings kann man diese Juden nicht einfach wie die *Goyim* links liegen lassen. Es gibt Berührungspunkte im Alltag, einen recht häufig von Konflikten getriebenen Austausch und dadurch eine gegenseitige Wahrnehmung der Lebenswelt der anderen. Für manche chassidischen jungen Männer entwickelte die Welt der Juden außerhalb der Gemeinschaft etwas Verlockendes.

Warum sollten sie nicht so sein wollen wie die anderen jüdischen Jugendlichen, die sie auf der Straße nicht nur sahen, sondern denen sie wirklich begegneten? Es gab ja keine Sprachbarriere wie in Amerika, wo die Chassidim jiddisch, die Mehrheitsgesellschaft aber Englisch sprach. Hier wurde Ivrit gesprochen und das konnten auch die chassidischen Jugendlichen. Sie tauschten sich aus und die jungen Chassidim stellten Fragen. Warum sollen sie nicht auch eine coole Frisur haben statt der sonderbaren Schläfenlocken? Warum sollen sie nicht auch dieses neue Deo benutzen dürfen, das, glaubte man der Werbung, die Mädchen verrückt machte? Überhaupt: Warum durften säkulare jüdische Jungen Freundinnen haben, chassidische aber nicht? Und warum sollte man all dieses alte Zeug lernen, wenn es da draußen so vieles anderes zu wissen gab?

Meine Aufgabe sollte es sein, diese Jungs, die auf der Kippe standen, bei der Stange zu halten. Das Ziel war, sie so lange in der Gemeinschaft zu binden, bis sie verheiratet sein würden. Als Ehemänner, so war das Kalkül ihrer Familien und der Yeshiva würden sie den vor allem sexuellen Verlockungen der Außenwelt eher widerstehen können. Mit einer Ehefrau an der Seite, mit einer eigenen Familie und eingebunden im Netzwerk der Freunde im Kollel, würde es gelingen, sie auf Dauer zu binden.

Je besser ich diese Jungen kennenlernte, desto unsicherer war ich, ob das gelingen konnte. Und desto unsicherer war ich auch, ob ich selbst überhaupt zu diesem Gelingen beitragen wollte. Wollte ich wirklich ein Werkzeug der Mächte sein, die diese jungen Männer in die Weltsicht einer längst verlorenen Zeit zwang, weit weg von all den Möglichkeiten, die die moderne Welt ihnen bieten konnte? Ich ahnte doch selbst, dass da draußen nicht nur die Gefahren sexueller Verlockungen lauerten, die uns von Gott entfernen sollten, wie es die Frommen ständig mahnend wiederholten. Dort draußen, ich ahnte es, gab es auch das Versprechen einer Freiheit, wie wir sie im engen Regelwerk unserer Gemeinschaft nie erleben würden. Hier bestand das Leben in dem nicht enden wollenden Bemühen, Regeln einzuhalten, daran zu scheitern, ein schlechtes Gewissen zu haben und es neu zu probieren. Dort schien das Leben nicht Begrenzung, sondern Entfaltung zu sein. Aber was wollte Gott? Waren die Juden da draußen, denen Torah, Talmud und *Halacha* vielleicht nicht egal waren, die sie aber nicht zur alleinigen

Richtschnur ihres Lebens machten, alle ohne Gott? Hatte Gott diese Menschen verworfen? Konnte unser Gott so sein? Und wollte ich so einem Gott wirklich dienen?

Einmal erwischte ich einen Schüler mit einem nicht koscheren Handy. Sollte ich es ihm wegnehmen? Warum? Weil er sich schuldig machte und die Regeln missachtete? Weil es meine Aufgabe als Teil des Teams war? Weil er so dumm war, es nicht gut genug zu verbergen? Ich nahm es ihm weg – aber ich war mir meiner Entscheidung nicht sicher.

．．．

Ich fühlte immer deutlicher, wie die Fragen, die ich an meine Gemeinschaft, an ihr Weltbild und an meiner Rolle in ihr hatte, an mir nagten. Ich suchte Distanz und fand diese auch in der Wahl unseres Wohnortes. Wir zogen um nach Pardes Katz, einem Stadtviertel an der Peripherie von Bnei Brak. Hier lebten weit weniger ultraorthodoxe Juden als in der übrigen Stadt und es herrschte eine eher säkulare Atmosphäre. Ich suchte Anschluss an eine Synagoge, musste aber feststellen, dass die Synagogengemeinden, in die ich kam, entweder überaltert waren oder meinen Vorstellungen von Lebendigkeit und Austausch nicht entsprachen.

Mit dieser Wahrnehmung war ich nicht allein. Ich lernte andere chassidische Männer kennen, die zwar fromm und doch auf der Suche nach einer anderen religiösen Heimat waren. Mit einigen tat ich mich zusammen und wir gründeten eine eigene Synagoge, die *Haychal Besht*, die offen sein sollte für Chassidim, die verschiedenen Gruppen angehörten.

Unser Konzept ging auf. Wir konnten einen Raum in der Yeshiva in der ich arbeitete, nutzen und hatten bald etwa 30 Mitglieder, die uns regelmäßig besuchten. Es entstand ein Freundeskreis, der, anders als es in einem Kollel je hätte sein können, sich nicht nur darum bemühte, Torah und Talmud besser zu verstehen, sondern auch kritische Fragen stellte nach den Grundlagen der chassidischen Lehre.

Wir feiern *Sukkot* in der *Haychal Besht* in Bnei Brak.

■ ■ ■

»Akiva, ich finde es merkwürdig, was uns über den Auszug unseres Volkes aus Ägypten erzählt wird.« Wir sitzen am Schabbatabend bei mir zu Hause. Shloimy, einer der Freunde aus der Synagoge, sieht mich bekümmert an. Er ist klug und kritisch. Er leistet sich »Eskapaden«. Er hat, wie er betont, aufgehört, alles zu glauben, was ihm die Frommen weismachen wollen.

»Warum?«, frage ich ihn.

»Na ja, wir lernen, dass 600.000 Männer im Alter zwischen 20 und 40 Jahren aus Ägypten ausgezogen sind. Dazu kommen ihre Frauen, macht 1,2 Millionen Israeliten. Dazu kommen noch die Kinder und die alten Leute. Es müssen also so 3 bis 4 Millionen Israeliten gewesen sein, die Ägypten verlassen haben.«

»Ja«, stimme ich ihm zu. »Das lehren uns die Schriften.«

»Aber«, er schaut mich jetzt direkt an, »Ägypten hatte in früher Zeit insgesamt höchstens 3 Millionen Einwohner.«

»Aha? Und wer sagt das? Die Rabbiner?«

»Nee, das sagen Altertumswissenschaftler, Archäologen und so …«

Shloimy hat Dinge gelesen, die er bestimmt nicht in den chassidischen Bibliotheken gefunden hat. Er wirkt jetzt zornig.

»Wenn es stimmt, was sie uns erzählen, dann ist Ägypten nach dem Auszug der Israeliten leer gewesen. Und wer soll dann unserer Vorväter überhaupt unterdrückt haben, wenn es insgesamt nur 3 Millionen Menschen in Ägypten gab und offenbar alles Israeliten waren!«

Jetzt schaut nicht nur Shloimy mich an, auch die anderen sind auf meine Antwort gespannt. Natürlich kenne ich die Argumente der Frommen und wiederhole sie.

»Ich weiß Shloimy, dass säkular Wissenschaftler behaupten, der Exodus habe so, wie er in der Schrift beschrieben wird, niemals stattgefunden. Aber bedenke auch, dass sich Wissenschaftler oft widersprechen. Was heute noch gilt, kann morgen schon widerlegt sein und dann gilt wieder etwas ganz anderes. Ist es da nicht klüger, den Worten der Schrift, die immerhin von Gott kommen, zu trauen? Vermutlich sind die Quellen der Wissenschaftler einfach falsch. Es gibt keinen Beweis dafür, dass in Ägypten damals nur 3 Millionen Menschen lebten.«

Ich höre mich diese Worte sagen, und es ist, als würde ich zugleich kopfschüttelnd neben mir stehen.

»Okaaay!«, antwortet Shloimy gedehnt, lächelt und holt zum nächsten Schlag aus. Es ist ein Spiel, das wir jetzt spielen: »Dann sind also 3 Millionen Israeliten in der Wüste unterwegs ins Gelobte Land. Die Torah lehrt, dass die Generation, die ausgezogen ist, nicht in das Land gekommen, sondern in der Wüste gestorben ist. Wenn das so gewesen ist, dann müsste es aber doch Spuren dieser toten Menschen geben. Gräber, Knochen, irgendetwas. Aber da ist nichts, was darauf hindeutet, dass in der Wüste zwischen Ägypten und Israel, dass im Sinai einmal 3 Millionen Menschen gestorben sind.«

»Vielleicht hat man diese Spuren bisher nur noch nicht gefunden, Shloimy. Es kann doch kein Grund sein, Gottes Wort nicht mehr zu trauen, weil etwas nicht da zu sein scheint, von dem Menschen meinen, dass es da sein müsste! Wir müssen doch Gottes Wort mehr trauen als irgendwelchen Vermutungen, die wir mit unseren geringen geistigen Möglichkeiten anstellen. Der Talmud lehrt doch, dass nur, weil wir etwas nicht gesehen haben, damit auch bewiesen ist, dass dieses nicht existiert.«

■ ■ ■

Müssen wir das wirklich glauben? Können wir uns wirklich darauf verlassen, dass man uns die Wahrheit erzählt? Ich kannte diese Fragen, die Shloimy hier stellte, selbst nur zu gut. Während ich die Lehre, die man uns beigebracht hatte, verteidigte, spürte ich doch auch diese nagende, immer größer werdende Unsicherheit.

■ ■ ■

Neben meiner Arbeit für die Yeshiva war ich im Vertrieb einer Firma tätig, die Filterprogramme für die Internetnutzung in ultraorthodoxen Haushalten verkaufte. Die digitale Welt stellte für die Ultraorthodoxen eine immer größer werdende Herausforderung dar. Einerseits war sie voll mit Bildern, Informationen und Meinungen, die als sündig, verführerisch oder falsch galten. Andererseits bot sie Möglichkeiten, auf die auch die Gemeinschaften nicht verzichten konnten, wenn sie im Alltag ihren Geschäften nachgehen wollten. Man musste also dafür sorgen, dass das Netz genutzt werden konnte, ohne dass die Regeln der Gemeinschaft verletzt wurden. Dies sollten Filterprogramme, die eine koschere Internetnutzung erlaubten, ermöglichen. Dabei wurden die Suchfunktionen von Internetbrowsern so eingestellt, dass bei Suchanfragen nur noch zugelassene Seiten mit Inhalten, die sicher nicht den Regeln der Gemeinschaft widersprachen, angezeigt wurden.

Gerade aber, indem ich mich mit koscherem Internet beschäftigte, lernte ich auch viel über die nicht koscheren Inhalte darin, über die Dinge, die in der Welt der Ultraorthodoxen nicht wahrgenommen werden sollten. Und dabei ging es keineswegs nur um Pornoseiten und andere

Inhalte, die in irgendeiner Form die Tabuisierung alles Sexuellen in Frage stellten.

Es ging vielmehr darum, die Lehre und das Weltbild der Gemeinschaft im Ganzen kohärent zu halten. Solange die Chassidim die Wahrheit über die Welt nur in den Lehren der Gemeinschaft erkannten, war diese geschlossen und stabil. Schwierig wurde es erst, wenn sie den Blick hoben und über den Rand dessen, was in der Welt der Chassidim galt und gelehrt wurde, hinausschauten. Dort lauerten die kritischen Fragen. Shloimy hatte ganz offensichtlich den Blick gehoben. Er war ein wacher junger Mann und er schaute sich um. Und auch ich hatte mich umgesehen und Dinge entdeckt, die mich verunsicherten.

Da gab es zum Beispiel dieses »Gilgamesch Epos«: ein uralter Text aus dem alten Königreich Sumer, einem Land also, in dem die Bewohner nicht Gott, sondern den Götzen gedient hatten. In der Erzählung kommt eine Flutgeschichte vor, die fast identisch ist mit der, die die Torah im Buch Genesis/Bereschit erzählt. In der sumerischen Flutgeschichte heißt der Retter Noah, genauso wie in der Torah. Wie konnte das sein? Hatte nicht Gott die Flut geschickt, um die Menschheit, die nach der Schöpfung in Sünde und Gewalttat verkommen war, zu strafen und zu reinigen?

Und dann dieser »Codex Hammurapi«, eine Sammlung von Rechtssätzen, die Archäologen auf verschiedenen Stelen eingemeißelt gefunden hatten. Entstanden waren diese Rechtssätze im Königreich Babylon, in dem Reich also, in dessen Hände Gott Israel gegeben hatte, als seine Abkehr von ihm und dem Bund, den er mit dem Volk geschlossen hatte, zu groß geworden war. Jahr um Jahr hatte das Volk an den Flüssen Babylons im Exil gesessen und sich nach der Rückkehr nach Zion gesehnt. Wenn man nun die Rechtssätze der Torah mit denen des Codex Hammurapi verglich, dann waren die Ähnlichkeiten verblüffend. War die Torah gar nicht das geoffenbarte Wort Gottes? Hatten die Väter die Torah in Babylon einfach abgeschrieben?

Fragte man die Rabbiner, so war die Antwort: »Die Patriarchen gehorchten der Torah. Hammurapi lebte in der Zeit Abrahams. Also hat Hammurapi die Torah von Abraham gelernt und von uns abgeschrieben.«

Um ins Grübeln zu kommen, musste man aber gar nicht entdecken, dass offenbar Verbindungen zwischen unseren alten Texten und den Kulturen, die unser Volk umgeben hatten, bestanden. Auch in unserer Tradition selbst gab es Lehren, die an Plausibilität verloren, wenn man den Blick etwas weitete.

Eine der wichtigsten Säulen im Weltverständnis der Ultraorthodoxen ist die Überzeugung, dass die Torah Moshe geoffenbart und dann ohne Unterbrechung von Generation zu Generation weitergegeben wurde. Nun gibt es aber im *Tanach* selbst eine sonderbare Geschichte. Im zweiten Buch der Könige/Melachim Bet wird berichtet, wie zu Zeiten des Königs Yoshiyahu in Juda Renovierungsarbeiten am Tempel durchgeführt werden. Bei diesen Arbeiten, die lange nach der Eroberung des Landes und dem Tod Moshes stattfinden, entdecken die Priester des Tempels nun ein *Sefer Torah*, eine Torahrolle. Wie kann das sein? Wenn es eine ununterbrochene Tradition der Weitergabe der Torah gegeben hat, dann kann eine Torahrolle keine solche Überraschung gewesen sein! Das war der Fund aber offensichtlich. Warum sonst hätte der König seine Kleider zerreißen und das ganze Volk zur Buße aufrufen sollen, weil man die Weisungen Gottes vergessen, nun aber wie- **165** der gefunden habe? Gab es eben doch keine ununterbrochene Weitergabe der Torah?

Manche Kommentare bieten eine andere Lösung an: Die Torah war bekannt. Es war nichts verloren gegangen. Was man aber im Tempel fand, war die Originalhandschrift von Moshe. (Vgl. Talmud Yuma 52b)

Aber konnte ich das noch glauben? Hatten die Menschen, die das lernten, wirklich ein anderes, tieferes Wissen von der Wirklichkeit? Waren sie aufrichtig?

■ ■ ■

Ich bin zusammen mit drei weiteren Chassidim unterwegs, um verschiedenen Kunden unsere Software für das koschere Internet vorzuführen. Wir sitzen im Büro eines Rabbiners einer anderen chassidischen Gruppe. Der Rabbiner schimpft auf das Internet. Es verlocke die Männer zur Sünde und verbreite nur Lüge und Gottlosigkeit. Ich stelle fest, dass der Rabbiner selbst das Internet ohne Filter nutzt. Darauf angesprochen, betont er: »Ich brauche kein koscheres Internet. Meine Aufgabe ist es, die Gemeinschaft vor den Gefahren des Internet zu schützen. Ich muss wissen, worin diese Gefahren bestehen, damit ich meine Aufgabe erfüllen kann. Was glaubt denn ihr, warum ich euch eingeladen habe?«

Was will er mir sagen? Dass er sich der Sünde aussetzen muss, um die anderen der Gemeinschaft vor der Sunde zu schützen?

Einer aus unserer Vertriebsgruppe ist als Rabbiner verantwortlich für die *Mikwen* der Stadt, in der er lebt. Jede verheiratete Frau geht einmal im Monat nach den Tagen ihrer Monatsblutung in das Ritualbad. Erst nach diesem Bad gilt sie wieder als rein und ihr Mann darf sie wieder berühren. Im Ritualbad wird die Besucherin von einer anderen Frau, der *Balanit*, die die Mikwe betreut, begleitet. Die Aufgabe dieser Betreuerin ist es, dafür zu sorgen, dass das rituelle Tauchbad richtig vollzogen wird. Sie hat auch darauf zu achten, dass die Badende wirklich als rituell rein gelten kann, wenn sie das Bad wieder verlässt. Dabei können eine Vielzahl halachischer Fragen auftreten. Was ist zum Beispiel, wenn die Betreuerin bei der Besucherin einen Ausschlag feststellt. Ist sie rein, wenn sie das Bad verlässt, oder ist sie es nicht? Diese Fragen hat ein Rabbiner zu entscheiden, den die Betreuerin – direkt oder telefonisch – ansprechen kann.

Wir sind also unterwegs. Es ist Abend geworden, und weil die *Mikwen* abends besucht werden, beginnt für den verantwortlichen Rabbiner aus unserer Gruppe sozusagen der Dienst. Aber er ist müde. Er hat keine Lust und bittet einen seiner Begleiter, für ihn zu antworten, wenn eine *Balanit* anruft.

»Du bist gut«, antwortet der Angesprochene. »Ich habe keine Ahnung von diesen Dingen. Was soll ich denn antworten?«

»Ganz einfach! Wenn die Erste anruft, sagst du auf ihre Frage, dass der Sachverhalt koscher ist. Wenn eine zweite anruft: nicht koscher. Dann vielleicht: nicht koscher. Dann wieder: koscher; oder nein, mach' es einfacher: zwei Anrufe nicht koscher, der nächst Anruf koscher.«

Er drückt seinem Begleiter das Mobiltelefon in die Hand und macht es sich im Auto bequem, um auf der Rückfahrt ein Nickerchen zu halten. Ich sitze da. Sprachlos.

■ ■ ■

Mein Vater hatte mir, wenn wir am Schabbat von der Synagoge nach Hause gingen, Geschichten von Rabbinern erzählt. Geschichten von heiligen Männern, die in der Vollmacht des *Ruach HaKodesch*, des Geistes Gottes, wirkten. Diese Männer hatten die Gebote Gottes mit so großer Leidenschaft und Achtsamkeit erfüllt, sie waren so durchwirkt von der Weisheit des Gesetzes, dass kein Fehler mehr an ihnen war. Sie waren rein. In ihnen konnte der Geist Gottes Wohnung nehmen. Sie konnten Wunder tun.

Ich war aufgewachsen in einer Welt, in der es selbstverständlich war, daran zu glauben, dass Gott unmittelbar in unser Leben hineinwirke und dass er dies auch durch heilige Männer tue. Es gab in unserer Gemeinschaft nicht wenige Rabbiner, die im Ruf solcher Heiligkeit standen. Sie konnten Krankheiten heilen, Menschen ihre Zukunft vorhersagen, sie konnten allein mit der Kraft ihres Segens den Schoß kinderloser Frauen öffnen, so dass diese endlich schwanger wurden. Und immer gab es jemanden, der sicher wusste, dass es ganz genau so gewesen war, weil er ja mit der glücklichen Mutter gesprochen hatte. Wenn einer dieser Rabbiner eine Stadt oder eine Synagoge besuchte, um zu lehren und seinen Segen zu spenden, dann stand die Gemeinschaft an diesen Orten Kopf. Manchmal konnte es scheinen, als käme ein neuer Moshe herab, um dem Volk den rechten Weg zu weisen.

Ich selbst war davon überzeugt, dass Gott wahrhaft frommen Menschen seine Kraft verlieh. Als ich etwa 16 Jahre alt war, gab es einen Rebbe, den ich sehr verehrte. Eines Tages sprach er mit mir und sagte mir Dinge, die ich nicht wirklich verstand. Aber ich meinte zu ahnen, dass er auf ein geheimes Fehlverhalten anspielte, von dem nur ich wissen konnte. Ich schämte mich: Dies war wirklich ein heiliger Mann! Er wusste Dinge über mich, die nur ich wissen konnte. Kein Zweifel: Er hatte *Ruach HaKodesch*, er würde auch wissen, was in den Himmeln ist!

Natürlich konnten nicht alle Chassidim diesen Status der Heiligkeit erreichen. Aber alle hatten die Aufgabe, dies zumindest zu versuchen. Und nun begegnete ich Rabbinern, die die sorgenvolle Frage einer frommen Chassidim nach ihrem halachischen Status vollkommen willkürlich beantworteten. Rabbinern, die sich selbst von Regeln, deren Einhaltung sie von anderen vehement forderten, freistellten und dies noch zur frommen Tat erklärten. Irgendetwas stimmte da nicht.

Ich erfuhr, dass James Randi, ein sehr bekannter amerikanischer Zauberkünstler, demjenigen, der Wunder tun könne, eine Million Dollar zahlen wolle, Ich fragte einen Rebbe, warum noch kein Rebbe diese Herausforderung angenommen habe. Er antwortete: »Du sollst Gott nicht versuchen! Gott tut keine Wunder, weil und wenn du es willst! Niemals würde ein Rebbe sich einem so absurden Test unterziehen. Noch dazu bei einem *Goy*!«

Ich erfuhr, dass es auch außerhalb der chassidischen Gemeinschaften Heilige geben solle, die Wunder tun könnten. Und dabei ging es nicht um Wunder, die Jesus oder Mohammed angeblich gewirkt hatten, sondern um Taten von Menschen, die noch nicht lange tot waren oder sogar noch lebten. Auch danach fragte ich und erhielt als Antwort: »Ja, Akiva, auch andere können erstaunliche Dinge tun. Aber sie tun es nicht, weil sie heilig sind, sondern weil sie sich unreiner Kräfte bedienen. Das sind keine Wunder, das ist die Magie des Bösen!«

Wie aber war der Unterschied zwischen einem durch heilige Kräfte gewirkten Wunder und der Magie des Bösen **169** zu erkennen? Was, wenn es diesen Unterschied gar nicht gab, weil es gar keine Wunder gab, sondern nur unsere Erwartung danach? Hatte mein Rebbe vielleicht gar nicht in mein Innerstes geschaut? Hatte ich seine Worte nur so gedeutet, als könne er das, weil ich wollte, dass er es konnte? Wirkte Gott gar nicht durch diese Menschen? War Gott vielleicht viel ferner, als ich immer geglaubt hatte? Benutzten geschickte, machtbewusste fromme Chassidim ihn vielleicht nur? Dass das nicht auszuschließen war, wurde mir immer dann deutlich, wenn ich wahrnahm, wie manche Ultraorthodoxen Gott auch in Fragen vollkommen jenseits aller Wundertätigkeit ins Spiel brachten.

So sollte in der mehrheitlich von orthodoxen Israelis bewohnten Stadt Baitar ein neuer Bürgermeister gewählt werden. Auch zwei ultraorthodoxe Bewerber um das Amt gab es, einen Chassid und einen aus der Gruppe der Litvaker. Der Wahlkampf wurde mit harten Bandagen ausgetragen. Die beiden Kontrahenten schenkten sich in ihren öffentlichen Auftritten nichts, wenn es darum ging, den Gegner zu verunglimpfen und zu beschimpfen. Am Ende gewann der, der einen nicht zu überstechenden Trumpf aus dem Ärmel ziehen konnte. Der damals in halachischen Fragen einflussreichste Rabbiner Elyashiv aus Jerusalem verkündete, dass dieser Kandidat und kein anderer für das Amt geeignet sei. Dies sei die Meinung der Torah.

Konnte das stimmen? Man hatte mich gelehrt, dass die Meinung der Torah gleichbedeutend sei mit der Meinung Gottes. Wollte Gott nicht nur Wunder tun, sondern auch Einfluss darauf nehmen, wer die Müllabfuhr in einer Kleinstadt im Heiligen Land organisierte?

VII

AUSBRUCH

Ich bin ratlos und müde. Yalda und ich, wir leben zusammen, wir sind eine Familie und ich möchte daran festhalten. Oder meine ich nur, daran festhalten zu müssen, weil es so vorgesehen ist? Ich weiß es nicht mehr. Was ich weiß: Ich bin unglücklich, auch wenn unser drittes Kind unterwegs ist. Ich will so nicht weiterleben. Ich kann es nicht. Was aber kann ich tun?

Mit meinen Eltern kann ich nicht reden; wenn ich mit meinen Freunden spreche, sind sie mir keine Hilfe, weil die meisten in ähnlich festgefahrenen Beziehungen stecken. Wie sollte ein Blinder einen Lahmen führen? Es gilt in der Gemeinschaft als beschämend, sich Hilfe von außen zu holen. Aber ich will nicht mehr zu einem Rabbiner und mir eine weitere Vertröstung abholen.

Ich habe für Yalda und mich einen Termin bei einem Paartherapeuten vereinbart. Der Mann arbeitet in dem Krankenhaus, in dem ich jetzt arbeite. Wir können ihn aufsuchen, ohne dass es auffällt. Er ist ein *Ba'al Tshuva,* einer, der chassidisch geworden ist. Er ist religiös, aber er hat auch studiert. Vielleicht weiß er einen Rat.

Wir sprechen eine Weile zu dritt. Dann bittet der Therapeut Yalda, vor der Tür zu warten.

»Wollen Sie wirklich mit ihr zusammenbleiben?«

»Sie haben den großen Unterschied zwischen uns bemerkt«, stelle ich fest. »Was meinen Sie? Was kann ich tun?«

»Beten sie«, schlägt er vor. »Schreien sie zu Gott. Er wird sie erhören und ihnen Hilfe schicken, so wie dem

Volk, das im Sklavenhaus in Ägypten saß, Moshe sandte und es befreite.«

Wie konnte ich nur so dumm sein! Der Therapeut gehört zu den Breslever Chassidim. Sie haben eine besondere mystisch-meditative spirituelle Praxis, die sie *hitbodedut* nennen, was so viel wie »Selbst-Absonderung« bedeutet. Jeder Chassid soll danach mindestens einmal am Tag allein vor Gott treten und mit diesem so sprechen, als spräche er mit einem Freund, dem man alles erzählen kann. Die Idee dahinter ist, dass der so Betende nach und nach Klarheit über sich selbst und über seinen Weg findet. Der professionelle Rat des Therapeuten ist also nichts anderes als die spirituelle Praxis, nach der er selbst sein Leben ausrichtet.

»Sieben Jahre Medizinstudium, zwei Jahre psychologische Zusatzqualifikation und jahrelange Praxis – und das ist alles, was Sie mir zu sagen haben?«

Ich stehe auf und gehe. Draußen fragt meine Frau mich, was der Therapeut gesagt habe. Ich antworte nicht.

■ ■ ■

Nicht nur mit unserer Ehe kann es so nicht weitergehen. Mein ganzes Leben erscheint mir selbst seltsam fremd. Es ist, als würde ich neben mir stehen und mir dabei zusehen, wie ich meine Tage zubringe in einer Welt, zu der ich nicht mehr wirklich gehöre, nicht mehr wirklich gehören kann. Ich verkaufe keine Filterprogramme für koscheres Internet mehr. Ich bin jetzt in Bnei Brak im Krankenhaus als technische Aushilfe in der Chirurgie angestellt. Ich hatte gehofft, dort wieder zurückzufinden zu meiner alten Gewissheit. Aber meine Zweifel sind nicht kleiner geworden. Zu vieles, das ich in der Gemeinschaft sehe, will nicht zu dem hehren Ideal passen, das sie von sich selbst zeichnet. Ich lebe nicht in einer Gemeinschaft von Heiligen. Zu vieles, von dem ich glaubte, dass es wahr sei, erscheint mir fragwürdig. Ich habe das Gefühl, mich ständig selbst belügen zu müssen, um bleiben zu können. Ich will mich aber nicht mehr belügen. Weder über die Zukunft meiner Ehe noch über meine Gemeinschaft.

Ich denke immer öfter: Es ist doch alles nur ein Zufall! Ich wurde zufällig in diese Familie hineingeboren. Diese Familie gehört zufällig zu den Satmarer Chassidim. Genauso, wie andere Menschen zufällig in Istanbul geboren und zu Muslimen erzogen werden, oder wieder andere in Neu-Delhi zur Welt kommen und zu Hindus werden. Zu Götzendienern, von denen unsere Gemeinschaft sagt, dass sie Kinder der Hölle sind. Und alle sind sie von der Wahrheit ihrer Religion überzeugt, genauso, wie ich davon überzeugt bin, dass meine Religion wahr ist.

Aber kann das sein? Hat Gott uns erwählt und alle anderen verworfen? Was ist das für ein Gott, der den größten Teil der Menschheit der Hölle preisgibt, ohne dass sie auch nur die geringste Chance haben, daran etwas zu ändern, weil sie die Weisungen Gottes niemals kennenlernen können. Und was ist das für ein Gott, der die, die angeblich auserwählt sind, mit diesen Weisungen so sehr peinigt, dass das schlechte Gewissen ihr ständiger Begleiter ist, dass, wer leben will, fast schon zur Heuchelei gezwungen ist. Was ist das für ein Gott? Gibt es ihn überhaupt? Gibt es diesen einen Gott, dem sich alle zu beugen haben, überhaupt?

Ich verliere meinen Glauben. Ich fühle eine tiefe Trauer und Einsamkeit. Gott, dem ich mich immer so nahe fühlte, er ist verschwunden. Ich kann mit fast niemandem darüber reden. Ich werde spirituell obdachlos. Ich habe keine Ziele mehr und auch keinen Antrieb, mir neue zu suchen. Ich verbringe ganze Tage im Bett. Alles ist grau.

Mit meinem Freund Srul Duvid stehe ich in der Zabutinsky-Straße in Bnei Brak. Wir haben zusammen als Rabbiner gearbeitet und sind gemeinsam einen langen Weg des Fragens, Suchens und Zweifelns gegangen.

»Wenn es keinen Gott gibt und unser Leben kein Ziel hat, dann ist alles sehr traurig!«, klage ich.

Er antwortet und in seinem Lächeln liegt Bitterkeit: »Das Leben fängt erst an, wenn man diese traurige Wahrheit erkannt hat.«

■ ■ ■

Es ist heiß, obwohl es noch früh am Tag ist. Es ist der Morgen nach Schavuot, das Fest, mit dem wir die Offenbarung der Torah an Moshe auf dem Berg Sinai feiern. Ich hätte in dieser Nacht in der Synagoge oder in der Yeshiva sein sollen. Ich hätte wachen, die Torah lesen und den Worten der Rabbiner lauschen sollen. Stattdessen sitze ich im ersten Morgenlicht schon schwitzend in einem improvisierten Zelt mitten in der Negev und schaue einer jungen Frau dabei zu, wie sie sich die *Tefillin* bindet. Eine Frau, die Gebetsriemen trägt und das Morgengebet verrichtet. Nie zuvor habe ich solches gesehen. Als ich ein Kind war, gab es bei uns das Gerücht, eine Nachbarin meiner Großmutter binde sich täglich die *Tefillin*. Ich fragte meinen Vater. Er meinte, sie sei eine *Ba'alat Tshuva* und wüsste es nicht besser. Die Legende berichtet auch, dass die Töchter Rashis Tefillin gebunden hätten. Heute aber verbietet man Frauen das Tragen der Gebetsriemen aus dem gleichen Grund, aus dem es Kindern verboten ist: Sie können ihren Körper nicht kontrollieren und pupsen vielleicht, wenn sie die Riemen tragen. Dass aber ist eine Sünde. Eine Frau mit *Tefillin* ist darum ein für mich surreales Bild, das mich zugleich berührt und verunsichert. Was mache ich hier?

Ich habe keine Riemen angelegt. Ich setze mich mit anderen in einen Kreis. Eine Frau schlägt eine Klangschale. Wir meditieren.

»Genesis« ist das Motto dieser Tage – Schöpfung. Wirklich? Wird für mich etwas Neues beginnen?

■ ■ ■

Ich arbeite jetzt neben meiner Tätigkeit im Krankenhaus als Redakteur und Journalist für die Internetzeitung *Be'olamam shel Charedim*. Sie wird von Chaim Shaulson herausgegeben, einem schwarzen Schaf der ultraorthodoxen Welt. Er hat es sich zur Aufgabe gemacht, die schmutzige Wäsche der Gemeinschaften an die Leine der Öffentlichkeit zu hängen. Die Zahl seiner Gegner ist Legion und natürlich lautet der Hauptvorwurf gegen ihn, dass er sich dafür bezahlen lässt, die ultraorthodoxe Welt schlecht zu machen. Meine Aufgabe ist es, einen wöchentlichen Artikel mit Neuigkeiten aus dieser Welt zu verfassen und gelegentlich ein Interview zu führen.

Vielleicht kann ich auch von dem Ereignis erzählen, bei dem ich hier dabei bin und auf das mich ein Freund, der die chassidische Gemeinschaft verlassen hat, aufmerksam gemacht hat. Es ist das Midburn-Festival, das im Mai 2014 in der Negev stattfindet. Das Midburn ist ein Ableger des Burning Man-Festivals, das seit 1990 im nordamerikanischen Bundesstaat Nevada gefeiert wird. Dort gründen bis zu 75.000 Teilnehmende für neun Tage eine improvisierte Stadt inmitten der brütenden Hitze der Black-Rock-Wüste. Das Ganze ist eine ziemlich verrückte Mischung aus Kunstaktion, Polit-Happening, Musikfestival, Theater-Workshop, Erfindermesse und exzessiver Party. Nach neun Tagen wird eine riesige Statue verbrannt, was dem Festival den Namen gibt. Dann wird alles inklusive Krankenhaus und Flughafen wieder abgebaut und verschwindet spurlos, bis es im darauffolgenden Jahr wieder aufersteht.

Larry Harvey, der 2018 gestorbene Gründer des Festivals, ermunterte dazu, das Event auch in anderen Ländern zu kopieren. Allerdings wünschte er sich, dass dabei einige Prinzipien eingehalten würden. Niemand soll ausgegrenzt werden, jeder und jede, die will, darf teilnehmen. Es soll keinen Kommerz und keine Werbung geben, alle schenken sich gegenseitig, was sie brauchen, ohne Erwartungen von Gegenleistungen. Alle Teilnehmenden sollen den Raum finden, ihre Möglichkeiten entdecken und sich angstfrei als Individuen ausdrücken können. Dabei sollen sich die Teilnehmenden gegenseitig unterstützen und für ihr Handeln in der Gemeinschaft Verantwortung übernehmen.

Nun haben sich also zum ersten Mal etwa 3.000 Menschen hier in Israel versammelt, um Harveys Idee in der Negev Wirklichkeit werden zu lassen.

Ich bin dabei.

Was ich hier in der Wüste sehe und erfahre, macht mir Mut und bestürzt mich gleichzeitig. Hatte man mich nicht gelehrt, dass alle nicht religiösen Menschen haltlos seien und über keinerlei Moral verfügten? Sicher, schicklich gekleidet sind die Bewohner des Zeltlagers nicht, aber der Umgang miteinander ist freundlich. Das Einzige, was man in der Zeltstadt kaufen kann, sind Eiswürfel. Mit allem anderen hilft man sich gegenseitig und teilt, was da ist. Ich kann daran keine Bosheit entdecken, im Gegenteil. Und während man in meiner chassidischen Gemeinschaft auf das Anderssein der anderen herabblickt, begegnet man hier gerade diesem Anderssein mit Wohlwollen und Interesse. Niemand wird hier auf eine Norm festgelegt. Jede und jeder soll sein können, wer er oder sie ist. Was für ein Versprechen für jemanden wie mich!

■ ■ ■

Und was für eine Angst! An den ersten beiden Tagen des Festivals war ich furchtbar deprimiert. Ich sah etwas, das mich faszinierte, und war zugleich vollkommen allein. Hier war ich inmitten einer lebendigen, offenen Gemeinschaft, aber ich gehörte nicht dazu und würde auch nie so sein können wie diese Menschen hier. Ich wollte abreisen, aber Izik, mein Freund, der mich auf das Festival aufmerksam gemacht hatte, überzeugte mich, zu bleiben. Dann lernte ich ein Mädchen kennen, dass mich buchstäblich an die Hand nahm und mir die Welt des Zeltlagers zeigte. Ich erlebte glückliche Tage.

Und doch waren meine Zweifel groß. Wenn es keine Norm mehr gibt, woran kann man sich halten? Kann ein Leben ohne einen festgefügten Rahmen aus Tradition und ein Netz aus Regeln überhaupt funktionieren? Würde ich es leben können?

■ ■ ■

Seit einiger Zeit schon führe ich eine Art Doppelleben. Ich bin entschlossen, die Gemeinschaft zu verlassen, Israel zu verlassen. Ich lerne Deutsch. Das fällt mir leicht. Jiddisch ist ja meine Muttersprache und so finde ich mich schnell im Deutschen zurecht. Ich werde nach Deutschland gehen. Ich absolviere ein akademisches Vorbereitungsjahr, das in Israel für Ultraorthodoxe angeboten wird, die studieren wollen, aber keinen anerkannten Schulabschluss haben. Ich hoffe, damit auch in Deutschland zu einem Studium zugelassen zu werden. Ich habe recherchiert, dass ein Studium dort keine Gebühren kostet. Ich möchte Arzt werden.

■ ■ ■

»Hast du es dir wirklich gut überlegt?« Yechiel sieht mich an, kritisch, auch bekümmert. »Du hast doch alles. Eine Frau und drei Kinder, du hast eine Arbeit, sogar eine gute, du hast eine Wohnung und eine Synagoge, in der du gerne bist. Was fehlt dir?«

Es ist Schabbat und ich habe zwei Freunde eingeladen. Ich erzähle ihnen von meinem Plan.

»Yechiel, ich kann nicht mehr! Wie es um meine Ehe steht, das weißt du. Und du weißt auch, wie sehr mir alles, was wir gelernt haben, zweifelhaft geworden ist. Ich will so nicht mehr leben! Ich will endlich ehrlich sein können und frei von all diesen Regeln, die mir nicht mehr einleuchten und deren Sinn ich nicht mehr erkenne.«

»Na, wenn du dich da mal nicht übernimmst!« Menachem stippt seinen Zeigefinger in eine kleine Rotweinpfütze auf dem Tisch und malt nachdenklich Kreise. »Was

kannst du denn? Wovon willst du leben? Und wie stellst

du dir deine Zukunft denn vor? Wenn du draußen bist, mein Lieber, dann bist du vor allem eines: draußen! Ja, klar – bei der Party da in der Negev, da waren sie alle sooo nett und sooo hilfsbereit. Friede, Freude, Eierkuchen! Aber was du da erlebt hast, ist nicht die wahre Welt da draußen, oder? Wie viele von denen, die aussteigen, schaffen es denn, wirklich Fuß zu fassen, he? – Klar, das ist nicht immer einfach hier bei uns. Aber du hast wenigstens uns! Die Gemeinschaft trägt dich, selbst, wenn es dir schlecht geht. Du bist hier sicher. Draußen bist du auf dich allein gestellt. Ich muss dir nicht sagen, dass nicht wenige Aussteiger sich umbringen.«

»Ja, ja!«, ich spüre Groll in mir aufsteigen, »für den Vogel, der im Käfig sitzt, ist das Fliegen eine Krankheit.«

»Akiva, ich meine es gut mit dir!« Menachem hat aufgehört zu malen und blickt mich jetzt direkt an. »Und was wird aus deiner Frau und den Kindern?«

»Ich werde Yalda nichts sagen und sie anrufen, wenn ich in Deutschland bin. Ein paar Wochen werde ich brauchen, bis ich mich dort einigermaßen zurechtfinde. Dann sage ich ihr, dass sie mit den Kindern nachkommen kann, dass ich ihr aber kein religiöses Leben mehr bieten will.«

»Sie wird nicht kommen!« Yechiel schaltet sich jetzt wieder ein. »Sie kann sich weder vorstellen, woanders als in ihrer gewohnten Umgebung zu leben, noch kann sie ermessen, was das sein soll, ein nicht religiöses Leben. Und das weißt du auch! Sie wird hierbleiben. Mit den Kindern.«

Ich schweige. Yechiel hat den Punkt natürlich getroffen. Ich weiß, dass Yalda nicht nachkommen wird. Ich weiß, dass ich in dem Augenblick, in dem ich im Flugzeug sitze, ein geschiedener Mann sein und meine Kinder für eine lange Zeit, ja vielleicht sogar niemals mehr sehen werde.

»Was ist die Alternative, Yechiel? Du weißt, dass ich die Scheidung will. Wenn ich sie aber einleite, solange ich noch in Israel bin, dann kann es sein, dass man mir die Ausreise verweigert. Und du weißt auch, wie lange Scheidungen dauern können. Ich bin auch Amerikaner. Ich kann ausreisen und, wenn ich in Deutschland bin, von dort aus die Scheidung verlangen, ohne dass jemand mich zwingen kann, dazu wieder nach Israel zu kommen. Ich muss nicht einmal zurück, um meinen Pass zu verlängern. Ich muss es so machen. Ich will hier nicht vielleicht noch Jahre feststecken!«

»Na, da fangen die Freiheit und Ehrlichkeit ja gut an!«, ätzt Yechiel, und jetzt bin ich wirklich wütend.

»Das ist nicht fair! Ich würde mich ohnehin scheiden lassen und ob ich in Deutschland bin oder in Israel, ich werde mich kümmern.«

»Ist ja gut, ist ja gut! – Aber es wird nicht einfach werden. Es wird niemand mehr mit dir sprechen wollen. Sie werden so tun, als wärest du tot.«

■ ■ ■

Es ist alles vorbereitet. Ich habe ein Ticket für einen Flug nach Berlin. Yalda habe ich gesagt, dass ich eine Weile verreisen muss. Der Flug geht am Samstag, kurz nach Ende des Schabbats. In New York beginnt dieser etwa 7 Stunden später als in Bnei Brak. Meine Eltern nehmen wie alle Orthodoxen und Ultraorthodoxen die Regel, am Schabbat keine elektrischen Geräte zu benutzen, sehr ernst. Ich habe beschlossen, ihnen meinen Entschluss mitzuteilen, aber so, dass ich eine Diskussion vermeiden kann. Ich rufe also kurz vor Beginn des Schabbats in New York an. Meine Mutter ist am Apparat. Als ich ihr sage, dass ich die Gemeinschaft verlassen und bald in Berlin sein werde, geschieht, was ich erwartet habe. Sie ist bestürzt, sie weint, sie fragt immer wieder nach.

Es geschieht aber auch etwas, was ich nicht erwartet habe. Der Schabbat hat in Israel längst begonnen. Aber sie legt nicht auf. Sie will dieses Gespräch und der Schabbat ist ihr egal. Ich soll am Telefon bleiben. Fast zwei Stunden telefonieren wir miteinander. Ich glaube, dass wir noch nie zuvor so lange miteinander gesprochen haben.

Schließlich sage ich ihr, dass ich mich vermutlich eine Zeit lang nicht werde melden können. Sie bittet mich: »Akiva, was auch geschieht – schreibe mir wenigstens alle zwei Wochen eine E-Mail und sage mir, dass du am Leben bist!«

Ich stehe an einem Wendepunkt. Und ich werde für meine Mutter nicht tot sein.

VIII

PHÖNIX

Die EasyJet-Maschine aus Tel Aviv startet am Samstag, dem 6. September 2014, gegen 18.00 Uhr vom Ben-Gurion-Flughafen. Am Vormittag hat sie Urlauber nach Israel geflogen. Meist junge Menschen mit nicht so viel Geld, die die historischen und heiligen Stätten des Landes sehen oder auch einfach nur in Tel Aviv, Haifa oder Eilat die Nächte durchfeiern und ein paar entspannte Tage an den Stränden verbringen wollen. Auf dem Rückweg nimmt sie die mit zurück, die 7 oder 14 Tage zuvor aufgebrochen sind und jetzt müde, aber urlaubsbraun und voller Eindrücke in ihren Alltag nach Deutschland zurückfliegen.

Ich sitze in der Mitte der Maschine am Gang. Ein junger Mann mit Vollbart, korrekt in Schwarz und Weiß gekleidet. Ich denke, dass meines unter all den braungebrannten Gesichtern um mich herum besonders blass wirken muss. Ich fühle eine angstvolle Leere in der Magengegend. Gerade am Gate, war ich so entschlossen. Jetzt fürchte ich mich. Wir rollen auf die Startbahn, als der Pilot die Hebel nach vorn drückt, geben die Triebwerke vollen Schub, die Maschine beschleunigt, hebt ab, neigt sich nach rechts und geht in einer weiten Kurve auf Kurs nach Norden.

Eine Stunde vor Mitternacht landen wir in Berlin-Schönefeld. Als ich auf die Gangway trete, empfängt mich die Stadt mit einer klaren, lauen Septembernacht. Immerhin. In meiner Fantasie sah ich mich mit meinen beiden Koffern durch Wind und Regen stolpern. Mein Mut steigt **183** etwas, um in der Ankunftshalle gleich wieder der Beklemmung zu weichen. Trotz der späten Stunde herrscht reges Treiben. Die Ankommenden werden abgeholt. Von Freunden, von der Familie. Sie werden nach Hause fahren, von Israel erzählen. Sie werden erwartet. Auf mich wartet hier niemand. Mein Gott, was für eine verrückte Idee!

Von Bnei Brak aus habe ich ein Zimmer gemietet. Es war nur zur Zwischenmiete zu haben, für drei Wochen. Ich entschließe mich jetzt aber, bis zum Morgen zu warten und erst dann zu der Adresse zu fahren. Ich habe Sorge, dass ich mich nicht zurechtfinde, wenn ich mich jetzt, mitten in der Nacht und so müde und orientierungslos, wie ich bin, auf den Weg mache. Den Mann, dessen Zimmer ich übernehmen kann, rufe ich noch kurz an, um ihm zu sagen, dass ich erst am nächsten Morgen eintreffen werde. In einem einfachen Hotel in der Nähe des Flughafens nehme ich mir das billigste Zimmer, das zu haben ist. Ich habe nur 1.000 Dollar und muss haushalten. Ich versuche, ein wenig zu schlafen.

Der Sonntag macht seinem Namen Ehre. Ich werde vom Licht des hellen Morgens geweckt. Ich höre das Rauschen der Stadt. Wird es meine Stadt werden? Wird sie mich aufnehmen? Werde ich finden, was ich suche? – Aber was suche ich eigentlich?

Ich nehme meine Koffer und mache mich auf den Weg. Mein erstes Problem sind die Fahrkartenautomaten der Berliner S-Bahn. Ich habe keine Ahnung, welches Ticket ich kaufen muss, um bis in die Innenstadt fahren zu können. Ich entschließe mich, einfach das günstigste zu nehmen und darauf zu hoffen, dass es das richtige ist. Fünf Stationen später zeigen mir zwei mürrische Herren Ausweise der Berliner Verkehrsbetriebe und klären mich darüber auf, dass ich mit meiner Karte nur drei Stationen hätte fahren dürfen und ich jetzt 40 Euro zu zahlen hätte. Als ich beteuere, es doch nicht besser gewusst zu haben, schaut der eine den anderen an.

»Na, det hör ik jetzt zum ersten Mal, wa?«

Ich zahle 40 Euro, bekomme dafür wenigstens eine Einweisung in die Bedienung des Automaten und kann, jetzt »mit jültigem Fahrausweis«, weiterfahren. »Willkommen ist Deutschland«, denke ich, und natürlich fällt mir ein Witz ein, den Juden sich erzählen, wenn sie nach Deutschland fahren: »Denk dran, dass das Bahnfahren für Juden da heute nicht mehr umsonst ist«.

Nach einigem Herumfragen finde ich die Jagowstraße in Moabit. Es gibt die Hausnummer, die mein Vermieter mir genannt hat, und auf dem Klingelschild steht tatsächlich sein Name neben einem anderen. Ich bin erleichtert. Ich hatte gehört, dass man Pech haben könne. Manchmal würden Wohnungen angeboten, die gar nicht existierten.

Ich klingele. Der Türöffner summt und ich drücke die Tür auf, rumpele mit meinem Gepäck in den Flur. Ich steige die Treppe hinauf. Im fünften Stock sehe ich eine Tür offenstehen. Am Türrahmen lehnt eine auffällig attraktive Frau und schaut zu mir hinunter.

»Hallo«, begrüßt sie mich auf Englisch. »Du bist Akiva?«

»Ja, bin ich.« Ich hatte nicht erwartet, von einer Frau in Empfang genommen zu werden. Sie irritiert mich. Die Selbstverständlichkeit ihres Auftretens, dass sie mir unbefangen direkt in die Augen schaut und offenbar auch mein selbst für Berliner Verhältnisse nicht alltägliches Äußeres sie nicht zu wundern scheint. Später erfahre ich, dass sie Spanierin ist, auch nur zur Zwischenmiete hier wohnt und als Flugbegleiterin arbeitet. Sie begegnet so vielen Menschen, dass sonderbare Gestalten bei ihr kein Erstaunen, geschweige denn Neugier hervorrufen.

»Dann ruf ich mal den Jonas an. Komm schon mal in den Flur.«

Sie geht hinein, ich warte im Flur und höre, wie sie telefoniert. Dann kommt sie wieder aus einem Zimmer. »Ich bin Maria. Ich wohne auch hier und für die nächsten drei Wochen werden wir uns dieses traute Heim hier teilen. Komm – ich zeig' dir dein Zimmer.«

Es liegt zur Straße hin, ist klein und vollkommen leer. »Worauf willst du schlafen?« Maria schaut mich fragend an. »Keine Ahnung. Auf dem Boden schätze ich.«

Kurze Zeit später kommt Jonas. Er hat es eilig und legt mir einen Vertrag hin, den ich unterschreiben soll. Ich tue, wie mir geheißen, weil mein Deutsch zu diesem Zeitpunkt ohnehin nicht ausreicht, um zu verstehen, was da steht. Aber ich habe den Vertrag noch heute. Jonas hatte in allem die Wahrheit gesagt. Die Wohnung gehörte einer kanadischen Familie, die sie von einer Hausverwaltung betreuen ließ, die nur einmal in der Woche Sprechzeiten anbot. Im Vertrag waren der Mietpreis und die Mietdauer, die wir ausgehandelt hatten, korrekt notiert.

Nachdem ich unterschrieben und bezahlt habe, verschwindet Jonas sofort wieder. Ich stehe jetzt in meinem Zimmer. Mein erstes Zuhause in Berlin.

»Akiva«, höre ich Maria hinter mir. »Mach' dich am besten gleich morgen auf die Suche nach etwas Neuem. In Berlin ist es nicht leicht, eine bezahlbare Bleibe zu finden!«

■ ■ ■

Nun war ich ein OTD, ein *off the derech*, ein orthodoxer Jude also, der den *derech*, den Weg, verlassen hatte und zum Ex-Orthodoxen geworden war. Das Gefühl, die Konsequenzen dieser Entscheidung nun mit Härte zu spüren zu bekommen, beschlich mich schon in den ersten Tagen, nachdem ich Israel verlassen hatte. Ich hatte natürlich zu tun. Ich brauchte eine erste Ausstattung für mein Zimmer. Eine brauchbare Matratze fand ich zufällig auf einem Sperrmüllhaufen und schleppte sie durch die halbe Stadt. Ansonsten blieb das Zimmer leer. Ich hatte den Weg verlassen. Und ich ahnte: Es würde Zeit brauchen, bis sich ein neuer auftat. Ich stand in unwegsamem und unbekanntem Gelände. Nein, glücklich und zuversichtlich war ich nicht.

Heute weiß ich, dass ich das erlebte, was die meisten OTDs nach dem Ausstieg erfahren. Ich hatte ein geschlossenes Umfeld verlassen, das ich als heuchlerisch empfand, das mich in eine Ehe gedrängt hatte, die ich nicht ertrug, und eine Lebensweise von mir verlangte, deren Begründung mir zunehmend absurd erschienen war. Aber dieses Umfeld hatte mich fast dreißig Jahre lang geprägt und getragen. Bevor ich gegangen war, hatte ich mich in der Gemeinschaft zwar fremd gefühlt, aber ich war immer noch ein Teil von ihr gewesen. Ich hatte als Ehemann, als Vater, als Rabbiner und Freund in ihr eine Rolle gehabt.

Nun gab es diese Gemeinschaft und die Zwänge darin nicht mehr. Ich hatte die Wände aus Regeln, die sie um mein Leben errichtet hatte, durchbrochen. Was ich aber vorfand, war nicht die Freiheit, von der ich gemeint hatte, dass die draußen existieren würde. Ich fand nur Leere. Ich stand als ein Niemand in einem Raum, der mir fremd war und der nicht mir gehörte. Obwohl ich in einer großen, pulsierenden Stadt lebte, war ich so allein, wie ich es noch nie zuvor in meinem Leben gewesen war.

Die meisten Aussteiger erleben eine Phase tiefer Depression. Der gewohnte, Sicherheit vermittelnde Tages- und Wochenrhythmus bricht weg. Keine gemeinsamen Gebete in der Synagoge oder in der Familie, kein Austausch mit Freunden. Man fängt an, Dinge, die man vielleicht gehasst hat, zu vermissen und sehnt sich nach einem widersinnigen Disput über irgendein abseitiges halachisches Problem. Hauptsache, es ist jemand da, der einen versteht, der einen Hintergrund in und eine Wahrnehmung von der Welt hat, die einem selbst vertraut ist.

Viele machen zum ersten Mal nicht nur die Erfahrung, ganz allein zu sein, sondern erleben auch, dass sie sogar ganz gezielt geschnitten werden von denen, die ihnen bisher vertraut waren. Für viele Menschen in den ultraorthodoxen Gemeinschaften sind Aussteiger wie Tote. Man betrauert sie, aber man spricht nicht mit ihnen.

Die Einsamkeit der OTDs ist so bodenlos, weil sie begleitet wird von einem radikalen Verlust des Sinns. Hatte man uns nicht beigebracht, dass es die Bestimmung unserer Existenz ist, die Gebote Gottes zu erfüllen? Ja, hing es nicht von jedem Einzelnen ab, ob Gott sich gnädig zeigte oder sich im Zorn abwandte? War das Kommen des Maschiach, unsere Rettung, nicht von unserer Treue zur Torah abhängig?

Dieses tragende Fundament der ultraorthodoxen Identität geht mit dem Austritt verloren und das schlechte Gewissen, das ohnehin so tief verwurzelt ist in der Satmarer Kultur, wird übermächtig. Ist es nicht ganz falsch, was ich tue? Ist es nicht das abgrundtief Böse? Manche, die das nicht aushalten, gehen zurück. Zahlreich sind die,

die nicht zurückwollen, aber meinen, auch nicht weiterzu-
können. Die Zahl der Suizide ist unter OTDs im Vergleich
zur Gesamtbevölkerung deutlich erhöht. Für die frommen
Ultraorthodoxen ist ihr Schicksal dann gerade der Beweis
dafür, wie böse die Welt da draußen und wie unmöglich
ein Weiterleben außerhalb der Gemeinschaft ist.

Ich weiß es in diesen ersten Tagen noch nicht. Aber
ich werde diese Niedergeschlagenheit und Not in den
nächsten Wochen und Monaten in Berlin erleben. Es wird
Tage geben, an denen ich die Fenster meiner wechseln-
den Wohnungen meide, weil ich nicht sicher bin, ob ich
nicht hinausspringen werde. Ich werde später auch psy-
chotherapeutische Hilfe in Anspruch nehmen, um in den
Kammern meiner Seele, in der so vieles verborgen werden
musste und nun ungeordnet herumliegt, aufzuräumen.
Aber bei aller Not – eines geschah nie: Meine Eltern ließen
mich nicht im Stich.

■ ■ ■

»Akiva?« Ich erstarre. Mein Vater ist am Telefon. Als ich
kurz vor Beginn des Schabbats meiner Mutter gesagt
hatte, dass ich aussteigen würde, hatte mein Vater sie
am Telefon diskutieren und auch weinen sehen. Aber es
war Schabbat in Israel und er würde am Schabbat keinen
Beitrag dazu leisten, dass sein Sohn das Telefon benutzte.
»Akiva? Akiva, es tut mir leid! Ich dachte, es sei wieder
irgendetwas mit Yalda. Ich hätte die Bitte deiner Mutter,
ans Telefon zu kommen, nicht ablehnen dürfen.«

Wie bitte? Es tat ihm leid, dass er eine Regel gehalten
und nicht gebrochen hat? Ich bin spontan gerührt, aber
auch sehr unsicher. Was kommt jetzt? Wird er mich be-

schimpfen? Wird er mir sagen, dass ich sein Sohn nicht mehr bin? Wird er mir und meiner Mutter verbieten, miteinander zu telefonieren?

»Akiva, hörst du? Es bricht mir das Herz! Deine Mutter hat mir erzählt, dass du in Berlin bist und dort bleiben willst. Das du die Gemeinschaft verlassen und nicht wieder nach Bnei Brak zurückwillst. Akiva, bist du dir da sicher? Weißt du, was du tust?«

»Ich habe mir das alles sehr lange und sehr genau überlegt, Tatty. Das ist keine spontane Entscheidung.«

»Ja, aber was fehlt dir denn und was willst du denn?« Ich höre seine Verzweiflung. »Junge, du bringst dich in Gefahr. Du verlässt den Weg, den der Ewige uns leitet, und das kann dich doch nur in den Untergang führen. Das weißt du doch! Wenn du in Berlin leben willst, gut, dann lebe in Berlin. Aber ich bitte dich, verlasse den Weg nicht. Halte an unserem Glauben fest! Betest du? Hältst du dich an die Regeln?«

»Tatty, mir ist vieles von dem, was ich gelernt habe, zweifelhaft geworden. Ich kann vieles von dem, was du für wahr hältst, nicht mehr glauben. Glaube mir, das zu erkennen ist auch für mich nicht leicht. Aber ich will nicht so tun als ob! Ich will nicht außen ein Chassid und innen leer sein! Ich will nicht zum Heuchler und Zyniker werden und nach außen hin Wahrheiten folgen, die ich in meinem Denken längst abgelegt habe und die auch mein Herz nicht mehr berühren.«

Mein Vater schweigt. Ich höre ihn atmen. Weint er?

»Akiva, wir machen es so: Ich habe nicht gesehen, in welcher Not du bist. Ich habe dein Zweifeln nicht erkannt. Das tut mir so leid. Es ist meine Schuld. Wäre ich aufmerksamer gewesen, hätte ich dir mehr Liebe gezeigt und dir geholfen, dann wärest du nie in diese emotionale Lage geraten und könntest noch glauben. Aber Zweifel ist nicht verboten. Wir werden miteinander reden. Du sagst mir, was dich zweifeln lässt und woran du meinst, nicht mehr glauben zu können, und ich werde dir sagen, warum ich nicht daran zweifle und warum ich weiter glauben kann. Wollen wir das so machen, Akiva? Ich werde dir alle Fragen beantworten.«

Kann ich mir das vorstellen? Ich bin jetzt sehr verwirrt. Ich spüre, dass wir an einem Wendepunkt stehen. Ich hatte gefürchtet, dass mein Vater mich verloren geben würde. Er tut es nicht. Und er tut sogar noch mehr: Er bietet mir an, mit ihm auf Augenhöhe zu sprechen. Er ist bereit, auf die Autorität, die ihm nach den Regeln unserer Gemeinschaft als meinem Vater zusteht, zu verzichten. Er will Diskussion und Gespräch auf Augenhöhe.

Meine Mutter hatte die Schabbatregeln weit ausgelegt, weil sie das Gespräch mit mir nicht beenden wollte. Mein Vater bietet mir an, sich meinen Zweifeln auszusetzen.

Sie lassen mich nicht fallen. Sie lieben mich.

»Gut, Tatty. Aber ich möchte, dass du zwei Dinge akzeptierst. Erstens: Du hältst es aus, dass ich dir gegenüber, gemessen an den Regeln, respektlos auftrete. Du musst aushalten, dass ich dir widerspreche und dir sage, dass ich deine Meinung für Unsinn halte, wenn ich sie für Unsinn halte. Du darfst mir nicht sagen, dass ich so nicht mit dir sprechen darf, weil der Respekt gegenüber dem Vater das verbietet.

Und zweitens: Du musst dir von Anfang an klar machen, was aus unseren Diskussionen herauskommen kann und was nicht. Dass du mich davon überzeugst zurückzukehren, ist unwahrscheinlich. Ich habe schon viel zu lange und viel zu viel darüber nachgedacht, mein Leben zu ändern. Ich spüre, dass du mich nicht mehr überzeugen wirst. Und ich weiß, dass ich dich nicht überzeugen werde. So, wie ich nicht wieder eintreten werde, wirst du die Gemeinschaft niemals verlassen. Wir werden also miteinander reden, ohne beim anderen etwas zu verändern. Wir werden uns aber sicher besser kennenlernen. Dabei gilt: Es ist alles erlaubt. Ich werde dir alles sagen. Was ich denke, was ich lese, wie ich die Lehre unserer Gemeinschaft wahrnehme und was ich daran falsch und fragwürdig finde – ich werde dich nicht schonen. Und du musst argumentieren. Bist du damit einverstanden?«

Er schweigt. Ich spüre mein Herz pochen. So habe ich noch nie mit meinem Vater gesprochen. Dann höre ich auf Jiddisch sagen: »*Ikh bin maskim.*« Er ist einverstanden.

Schachspiel mit meinem Vater bei einem Besuch in Monsey

In den folgenden Wochen und Monaten telefonierten wir regelmäßig miteinander. All die Dinge, die in den zurückliegenden Jahren meine Zweifel geweckt und genährt hatten, erzählte und erklärte ich ihm. Ich führte Gespräche mit meinem Vater, wie ich sie mit meinen Freunden aus unserer Synagoge in Israel geführt hatte, allerdings ohne dass er meine Zweifel teilte. Mit großer Beständigkeit und innerer Überzeugung hielt er an seinen religiösen Haltungen und an seiner Weltsicht fest und bemühte sich, Argumente für seine Position zu finden. Doch er konnte stehen lassen, dass ich in so vielem anders dachte, auch wenn es ihn schmerzte. Erstaunlicherweise gab mir das Ruhe. Dass mein Anderssein von meinem Vater Anerkennung erfuhr, indem er diesem Anderssein zwar nicht zustimmte, sich aber damit auseinandersetzte, linderte meine Einsamkeit, machte mein schlechtes Gewissen kleiner und ermutigte mich in meinem Alltag.

Und dieser Alltag war anstrengend genug. Das dringendste Problem, das ich in den ersten Wochen zu lösen hatte, war die Suche nach einer Wohnung, in der ich für längere Zeit bleiben konnte. Maria hatte mich gewarnt und sie sollte recht behalten. Mein Versuch, das Zimmer, das ich von Jonas gemietet hatte, über die Hausverwaltung für länger vermietet zu bekommen, scheiterte. Verschiedene andere Besichtigungen von WG-Zimmern oder kleinen Apartments führten ebenfalls zu nichts. Ich musste feststellen, dass in Deutschland die Vermieter sehr wählerisch sind. Wer in Israel eine Wohnung besichtigt, sagt, dass er sie mieten möchte, und wer 12 Monatsmieten hinterlegt, der bekommt die Wohnung. Ich musste erst lernen, dass in Deutschland der, der zuerst sein Mietinteresse äußert, noch lange nicht der Mieter ist. **193**

Nachdem es also mit der Jagowstraße nicht geklappt hatte, kam ich in einer WG mit einer Ärztin und einem Studenten unter. Aber auch da konnte ich nicht lange bleiben. Ich begann, mir ernsthaft Sorgen zu machen. Der Tag, an dem ich ausziehen sollte, stand unmittelbar bevor. In meiner Not hatte ich schon Kontakt zu einer Gruppe von Obdachlosen aufgenommen, die ihr Lager unter einer Brücke in der Nähe aufgeschlagen hatten. Ich hatte sie gefragt, ob ich eventuell zu ihnen stoßen könne. Sie waren sehr freundlich zu mir und meinten, dass sie mich gerne in ihrer Mitte begrüßen würden.

Doch dazu kam es dann doch nicht. In Spandau fand ich ein Zimmer in einer Wohnung, die ein Polizist und dessen zukünftiger Schwager, ein Flugzeugtechniker, gemietet hatten. Ich konnte ein Bett, einen Tisch, Stühle und ein paar andere Dinge umsonst bekommen. Endlich hatte ich ein Zimmer, das wenigstens ein wenig behaglich war. Hier konnte ich zunächst bleiben und mit dem Ankommen in Deutschland anfangen.

Ich musste mich in der neuen Stadt zurechtfinden, musste klären, welche beruflichen Möglichkeiten ich hatte, und musste irgendwie Geld verdienen. Ich schrieb weiter für die Website, für die ich schon in Israel gearbeitet hatte. Aber auf Dauer waren die 1000 Dollar, die ich dafür im Monat bekam, zu wenig. Darüber hinaus hoffte ich, Menschen kennenzulernen, indem ich regelmäßig einen Sprachkurs besuchte.

Dazu kam, dass ich das Ende meiner Ehe regeln musste. Yalda und ich telefonierten viel miteinander in diesen ersten Wochen. Ich erklärte ihr, wie ich es mir in Israel vorgenommen hatte, dass ich nicht zurückkehren würde und bot ihr an, zu mir nach Deutschland zu kommen. Ich sagte ihr auch, dass ich nicht mehr religiös leben wolle. Sie besprach dies, wie ich erwartet hatte, mit ihrer Familie und mit ihrem Rabbiner. Beide rieten ihr, wie ich es ebenfalls erwartet hatte, ihrem eigenen Wunsch zu folgen und in Israel und in der Gemeinschaft zu bleiben.

Als sie mir mitteilte, dass sie nicht kommen wolle, aber einer Scheidung zustimmen würde, musste ich an Menachem und das Gespräch, in dem ich ihm von meinen Ausstiegsplänen erzählt hatte, denken. »Na, da ist deine Rechnung dann wohl aufgegangen«, würde er vielleicht sagen. Und er hatte ja Recht. Ich hatte Tatsachen geschaffen, die eine andere Möglichkeit als die Scheidung für Yalda gar nicht offen ließen. Ich war und ich bin nicht stolz darauf. Aber wir hatten beide diese Ehe nicht geschlossen, weil wir einander wollten, sondern weil wir beide eine Ehe wünschten und weil wir in einer Gemeinschaft lebten, die für einen Jungen und ein Mädchen in dem Alter, in dem wir damals waren, die Ehe vorsah. Das war nicht gut gegangen und ich hätte das beendet, auch wenn ich in Israel geblieben wäre. Ich hätte es nicht so machen wollen, wie viele meiner Freunde dort, die in ihren Partnerschaften ebenso unglücklich sind, aber daran festhalten, weil es eben so ist, wie es ist.

Die Anbahnung einer Ehe ist in der ultraorthodoxen Gemeinschaft eine Familienangelegenheit, die Scheidung ist es ebenfalls. Unsere Familien mussten sich darum darüber einig werden, wie die Versorgung Yaldas und unserer Kinder zukünftig geregelt sein sollte. Auch mit Unterstützung meiner Eltern fanden wir in dieser Hinsicht gute Lösungen.

Da unsere Ehe eine religiöse Angelegenheit war, wurde auch eine Scheidung als solche behandelt. Als Ehemann war ich verpflichtet, meiner Frau einen Scheidebrief, einen *Get*, auszustellen. Dieser würde Yalda übergeben werden. Wenn sie ihn in ihre Hände nahm und ein paar Schritte mit dem Get in der Hand ging, galt die Scheidung als angenommen. Der Brief würde dann eingerissen und in einem Rabbinatsgericht hinterlegt werden. Damit wäre die Scheidung wirksam.

Allerdings konnte ich mich nicht einfach an meinen Laptop setzen, einen Brief schreiben, diesen Yalda zusenden und ihn, nachdem Yalda den Brief angenommen hatte, bei einem Rabbinatsgericht abgeben. Es war komplizierter. Um den Brief auszustellen, ist ein rabbinisches Gericht nötig. Dieses besteht aus einem *Bet Din*, das von drei Rabbinern gebildet wird. Dazu kommen noch zwei Zeugen, ein Schreiber und der *Shliach*, der den Brief zu überbringen hat. Diese werden zur Scheidungsverhandlung einberufen, bei der die Ehefrau nicht zwingend anwesend sein muss. Es genügt, wenn der Ehemann, der seiner Frau den Scheidebrief geben möchte, anwesend ist. Für diesen Brief hält das *Bet Din* Pergament, Tinte und Schreibfeder bereit. In der Verhandlung wird damit der Scheidebrief geschrieben; in hebräischer Quadratschrift und so, dass die Buchstaben nicht miteinander verbunden sind. Es darf nichts gestrichen und nicht radiert werden. Der Brief muss genau 12 Zeilen umfassen. In der dreizehnten werden die Namen der Zeugen eingetragen.

Ich konnte diese Prozedur nicht in Berlin in Gang setzen. Das nächste Rabbinatsgericht, das eine in unserer Gemeinschaft anerkannte Scheidung protokollieren und bezeugen konnte, saß in Antwerpen. Also machte ich mich auf den Weg nach Belgien.

Diese Reise drei Monate nach meiner Ankunft in Berlin sollte der Anfang meines neuen Weges sein.

= = =

Der Termin in Antwerpen ist vereinbart. Ich fahre einen Tag früher. Die Reise dauert 8 Stunden, zuerst geht es nach Köln, von dort nach Brüssel und dann mit dem Thalys nach Antwerpen. Ich will auf jeden Fall pünktlich sein und bin schon früh am Berliner Hauptbahnhof. Weihnachtlicher Lichterglanz und das Kommerzklingeling des Adventsgeschäfts empfangen mich in der riesigen Eingangshalle. Ein Gewimmel aus Berlinern, die auf dem Weg zur Arbeit sind, Schülern und ankommenden Touristen, die schon erkennbar angetrunken mit albernen Blinkgeweihen auf den Köpfen zu den Weihnachtsmärken der Stadt pilgern.

Mein Zug fährt aus der unteren Ebene, wo es ruhiger, aber auch lausig kalt und zugig ist. Der Bahnsteig ist noch fast leer. Die Zeit bis zur Abfahrt des Zuges setze ich mich, eingemummelt in Schal und Mantel, auf einen der kalten Drahtbänke, die es an den Säulen auf dem Bahnsteig gibt, und vertreibe mir die Zeit mit Lesen.

Nach einiger Zeit bemerke ich, dass sich ein Mann neben mich setzt.

»Ah, Hebräisch«, spricht er mich nach einer Weile an. Ich blicke auf und schaue in das freundliche Gesicht eines älteren Herren mit vollem grauem Haar und wachen Augen. »Ja, Hebräisch«, antworte ich. »Es wundert mich, dass Sie das sofort erkennen. Normalerweise fragen die Leute eher: Was sind das denn für komische Buchstaben?«

»Naja«, lacht mein Gegenüber, »der ein oder andere wird **197** in dieser Stadt schon erkennen, dass sie einen hebräischen Text lesen. Schließlich liegt Berlin nicht hinterm Mond und das jüdische Leben in der Stadt ist sehr lebendig.«

»Sie sind auch Jude?«

»Nein, eigentlich nicht«, antwortet er. »Ich bin Christ, aber manche anderen Christen würden mich vielleicht für einen Ketzer halten. Außerdem war ich Pfarrer, darum kann ich auch Hebräisch. Das gehört bei uns zur Ausbildung, wissen Sie.«

»Aha? Sie waren also Pfarrer und denken trotzdem Dinge, die andere Gläubige für falsch halten könnten. Um ehrlich zu sein – wie das ist, kenne ich auch sehr gut.«

»Mmh, dann sind Sie also auf der Suche, was? Haben Sie Lust, sich einmal länger darüber zu unterhalten?«

»Jaha, ja gerne!« Ich bin überrascht.

»Sie wohnen in Berlin?« Ich bejahe auch diese Frage.

»Dann gebe ich Ihnen meine Adresse und Telefonnummer. Mein Zug fährt gleich ein, und wir können jetzt nicht weiterreden, aber es würde mich freuen, wenn Sie mich einmal anrufen würden.«

■ ■ ■

So lernte ich Thomas Irving Day kennen. Er war, als wir uns am Berliner Hauptbahnhof trafen, schon 75 Jahre alt, hatte als evangelischer Pfarrer zuletzt in der französischen Gemeinde in Berlin gearbeitet und war nach seinem Eintritt in den Ruhestand in der Stadt geblieben. Er war, wie ich später lernte, ein Suchender, der schon gefunden hatte und doch wusste, dass da noch mehr sein müsse. Er war ein Glaubender, der zugleich zweifelte, ohne zu verzweifeln. Er hatte sein Leben der Rede von Gott gewidmet und dennoch war Gott ihm immer auch Frage geblieben. Ein »ewiges Gerücht«, wie er es nannte. Was oder wer ist dieser Gott? Wie geht das: glauben? Kann man überhaupt sagen, dass es diesen Gott gibt? Und wenn, wie ist es um die Beziehung zwischen Gott und dem Menschen bestellt?

Ich habe bis zu seinem Tod im März 2018 viele Stunden im Gespräch mit Tom verbracht. Er hat mich auf die Wege seiner Suche mitgenommen und hat mich an den Anfang meines Weges gestellt, auf dem ich zu dem Menschen werden sollte, der ich heute bin.

Ausgangspunkt dafür war mein Judentum und sein Interesse daran. Als ich Tom, nachdem ich aus Antwerpen zurück war, anrief, lud er mich ein.

■ ■ ■

»Wir haben einen kleinen Kreis«, meinte er, »in dem wir uns mit der Auslegung der *Mischna* und mit rabbinischen Texten beschäftigen. Wenn Sie Lust haben, kommen Sie doch einmal dazu.«

»Zu einem *Schi'ur*?«, fragte ich erstaunt.

»Ja, genau!«, lachte Thomas, »wir sind alle an der Torah interessiert. Wir meinen, dass die Texte vielleicht eine Weisheit in sich tragen, die uns helfen kann, unser Leben besser zu verstehen und unseren Alltag und unsere Beziehungen sorgfältiger und verantwortungsvoller zu leben. Darum versuchen wir, uns durch die gemeinsame Erörterung von Torah und Talmud auf einen Lernweg zu begeben.«

»Und es treffen sich Juden dort?«

»Nee, nicht nur. Ein paar im Kreis sind jüdisch, aber die meisten haben einen eher christlichen Hintergrund. Aber **199**

wie ich Ihnen schon am Bahnhof sagte: So genau sind wir
da nicht festgelegt.«

Die fröhliche Unbekümmertheit, mit der er dies sagte,
machte mich sehr neugierig. Warum interessierten sich
Goyim für unsere Regeln? Und was sollte das sein, eine
Weisheitslehre?

■ ■ ■

Die Gruppe, die Tom, wie ihn hier alle nannten, leitete,
trug den Namen »Lehrhütte Berlin-Halensee« und verstand sich in der Tradition einer Einrichtung, von der
ich zuvor noch nie gehört hatte. Franz Rosenzweig, ein
Religionsphilosoph, der dem liberalen deutschen Judentum entstammte, hatte in den 20er-Jahren des letzten
Jahrhunderts das »Freie jüdische Lehrhaus« in Frankfurt
geleitet. Anders als der Zionismus strebten Rosenzweig
und seine Mitstreiter keinen jüdischen Staat an, sondern
sahen in der Beheimatung des Judentums in der Kultur
den Weg, jüdische Identität in einem nichtjüdischen Umfeld zu sichern und zu stärken. Zu diesem Zweck sollte
dem gebildeten, weitgehend assimilierten Judentum der
Weimarer Republik im Lehrhaus die Möglichkeit eröffnet
werden, einen neuen Zugang zu den biblischen und spirituellen Grundlagen des jüdischen Glaubens zu finden. Es
ging darum, ein Judentum zu etablieren, das sich nicht
von der nichtjüdischen Gesellschaft, die es umgab, ab-
sonderte, sondern als Judentum Teil dieser Gesellschaft
war und so auch einer Assimilation, die das Jüdischsein
zum Verschwinden bringen könnte, entgegenwirkte.
Das Konzept war so erfolgreich, dass es bald auch Lehrhäuser in Berlin, Breslau, Köln, Dresden, Karlsruhe,

Mannheim, Stuttgart und Wiesbaden gab. Von 1933 an wurden all diese Bemühungen zerstört und zunichte gemacht. Die Lehrhäuser wurden vom nationalsozialistischen Regime zwangsweise geschlossen. Und nach 1945 gab es in Deutschland keine Juden mehr, die sie hätten besuchen und so die Tradition hätten fortführen können.

■ ■ ■

Als ich das erste Mal in den Kreis kam, stellte Tom mich den anderen vor und meinte, mit mir sei nun jemand dabei, der sich wirklich in den Texten auskenne. Ich erzählte, woher ich kam, dass ich aus der Satmarer-Gemeinschaft ausgestiegen und gerade dabei sei, mein Leben neu auszurichten.

Es war eine merkwürdige Situation für mich. Das Bild, dass sich mir im Raum bot, war so ganz anders als in dem Umfeld, in dem ich bisher Torah gelernt hatte. Dort waren immer schwarz-weiß gekleidete Männer mit langen Bärten, Pejes an den Schläfen und Hüten auf dem Kopf zusammengekommen. Hier saßen etwa 20 Menschen um einen großen Tisch herum. Es waren alte und junge dabei, Frauen und Männer saßen durcheinander und manche von ihnen waren recht farbenfroh angezogen. Und auch die Stimmung während des Schi'ur war eine ganz andere, wie ich bald feststellen sollte.

Wir begannen mit dem Vorlesen eines Textes aus den *Pirqe Avot*, den Sprüchen der Väter, einem Traktat der Mischna, der vor allem ethische Fragen des Zusammenlebens behandelt. Ich erinnere mich nicht mehr genau, um welche Regel es ging. Aber ich weiß noch, dass ein Mann aus dem Kreis nachfragte. Er verstehe nicht genau, was da stehe und was ihm das eigentlich sagen solle. Ob ich das vielleicht erläutern könne.

Ich erinnerte mich an eine Erklärung, die der *Rambam*, also Maimonides, zu dem Problem, um das es ging, gegeben hatte, und erläuterte den Abschnitt mit dessen Position. »Diese Erklärung finde ich aber nicht besonders einleuchtend«, war die Reaktion des Mannes.

»Das ist die Erklärung vom Rambam!«, betonte ich, in der Meinung, damit ein schlagendes Argument vorgetragen zu haben. Maimonides war schließlich eine der größten Autoritäten unter den Talmudgelehrten.

»Na, dann leuchtet mir eben die Erklärung von Maimonides nicht ein! Ich sehe das ganz anders.« Und dann versuchte er eine eigene Deutung des Textes. Dabei bezog er sich aber nicht auf andere Lehrer oder Talmudautoritäten, sondern auf seine Erfahrungen, seine Wahrnehmungen und auf die Weise, wie er die Welt sah.

Ich war sprachlos. Was sollte das denn?

Ich hatte gelernt, dass wir die Weisheit eines Textes noch nicht erfasst hatten, wenn wir meinten, ihn nicht zu verstehen. Es galt dann, andere Autoritäten zu befragen und mit ihrer Hilfe in den Sachverhalt einzudringen. Das Abwägen der verschiedenen Meinungen, die wir in der Tradition hatten, erschloss uns dann den Sinn des Textes für heute. Dabei konnte es durchaus sein, dass man einer bestimmten Position widersprach, aber nur dann, wenn man diesen Widerspruch mit einer Autorität aus der Tradition begründen konnte. Ich wäre nie auf die Idee gekommen zu sagen: »Ich, Akiva Weingarten, sehe das auf dem Hintergrund meiner Erfahrungen anders.« Gerade das war ja ein Grund dafür, dass ich mich von der

Weltsicht der ultraorthodoxen Gemeinschaft immer weiter entfernt hatte. Was ich lernte und was mich anleiten sollte in meinem Leben, hatte genau mit diesem Leben immer weniger zu tun, es sei denn, ich wäre bereit, mich in einer abgeschotteten Welt von allem anderen abzuschließen. Das aber wollte ich nicht mehr und sah in der immer größer werdenden Spannung nur eine Antwort für mich: mich für das eine oder das andere entscheiden zu müssen. Meine Erfahrungen und unmittelbaren Lebensfragen zweifelnd und kritisch mit den alten Texten in ein Gespräch zu bringen, darauf war ich nicht gekommen, weil es das bei den Chassidim einfach nicht gab.

Genau das aber machte man hier und war dabei ganz unbekümmert und sehr engagiert. Niemand fürchtete sich davor, sich vielleicht zu irren. Man sprach miteinander und, was für mich eine völlig neue Erfahrung war: Man sprach mit den Texten. Mir hatte man beigebracht, die Auslegungen der Rabbiner als Autoritäten zu verstehen, die mir etwas zu sagen hatten und denen ich Gehorsam schuldete. Hier aber begaben wir uns mit den Lehren der großen Rabbiner der Tradition auf Augenhöhe. Wir holten sie aus ihrer Zeit und setzen sie in die unsere. Das war eine aufregende Entdeckung für mich!

Und nicht nur der Umgang mit den Texten in diesem Kreis sollte mich bald in Aufregung versetzen.

■ ■ ■

»Warum kannst du so gut Deutsch? Du bist doch erst seit ein paar Monaten in Berlin.«

Die Frau, die mich nach einem unserer *Schui'rim* anspricht, heißt Andrea, hat langes, brünettes Haar und ist etwas größer als ich. Ihre Lebendigkeit und ihr wacher Blick sind mir schon ein paar Mal aufgefallen. Ich mag sie.

»Na ja, ich bin nicht so sicher, ob das, was ich spreche schon Deutsch ist. Aber als ich mich entschlossen hatte, die Satmarer zu verlassen, habe ich schon in Israel Unterricht genommen. Außerdem haben wir bei uns in der Familie miteinander fast nur Jiddisch gesprochen. Mit dieser Muttersprache im Ohr findet man sich im Deutschen eigentlich ganz schnell zurecht.«

»Dachte ich's mir doch!«, lächelt sie vergnügt. »Ich habe eine Bitte an dich. Ich mache an der Jüdischen Volkshochschule einen Jiddisch-Kurs mit. Es wäre toll, wenn du da einmal dazukommen könntest. Es wäre super, wenn wir einmal jemanden kennenlernen könnten, der Jiddisch als Muttersprache hat.«

Jüdische Volkshochschule? Jiddisch-Kurs? Ich vermute, dass ich etwas ratlos dreinschaute. Ich bin in Berlin, einer durch und durch säkularen Stadt, und nun bekomme ich schon zum zweiten Mal mitgeteilt, dass es hier einen Ort gibt, an dem sich Menschen mit Dingen beschäftigen, die in meiner Gemeinschaft zum Kern der Identität gehörten. Hatte man mir nicht immer und immer wieder eingetrichtert, dass die Welt außerhalb nur Versuchung für uns bereithält und letztlich unseren Untergang will. Warum sollten Menschen, die danach trachten, uns spirituell zu vernichten, Jiddisch lernen und die mit dem Jiddischen verbundene Kultur kennenlernen wollen?

»Kannst du singen? Wir würden auch gerne einmal ein jiddisches Lied lernen!«

»Ähh, ja, ich kann ganz gut singen.«

»Prima. Dann frage ich einmal die Kursleiterin, ob sie etwas dagegen hat, wenn du bei uns vorbeischaust. Hol mal dein Handy raus. Ich geb' dir meine Nummer und du rufst mich an. Dann habe ich deine Telefonnummer und melde mich, wenn ich mit der Leiterin gesprochen habe.«

Sie diktiert mir ihre Nummer und als ihr Handy klingelt, erstellt sie schnell den Kontakt.

»A-k-i-v-a, so, hab' ich dich. – Ich melde mich.«

■ ■ ■

Andrea rief mich wenige Tage nach unserem Gespräch an und meinte, dass die Teilnehmenden des Jiddisch-Kurses sich freuen würden, wenn ich einmal vorbeikäme. Also fuhr ich eines Abends in die Fasanenstraße, überzeugte die beiden Polizisten, die den Eingang bewachten, davon, dass ich an einem Kurs teilnehmen solle, auch wenn ich nicht angemeldet und keinen Ausweis für Kursteilnehmende hätte.

Im Kursraum angekommen, war die Überraschung, die ich auslöste, groß. Alle hatten erwartet, einen alten Mann kennenzulernen. Wer sonst könnte Jiddisch als Muttersprache haben? Und nun kam ein junger Mann durch die Tür. Es wurde sehr lustig. Wir lasen jiddische Texte und ich lernte, dass mein chassidisches Jiddisch nur einer von sehr verschiedenen Dialekten dieser Sprache ist.

Ich hatte viel Spaß in diesen eineinhalb Stunden unter Leuten. Am meisten freute mich aber, dass am Ende des Abends Sophia, die junge Lehrerin, mich fragte, ob ich nicht einmal Lust hätte, sie zu besuchen. Wir könnten einen Film schauen. Sie sei in den nächsten Wochen zu einem Besuch bei Freunden in Israel, aber wenn sie zurück sei, würde sie mich anrufen und wir könnten uns ja verabreden. Es gebe da diese israelische Serie über eine ultraorthodoxe Familie in Jerusalem. »Shtisel« heiße die. Sie würde gern ein paar Folgen mit mir gucken und ich könnte ihr all die komischen Sachen erklären, die sie darin nicht verstehe.

Ich versuchte, meine Begeisterung und die nackte Panik, die ich in mir aufsteigen spürte, so gut es ging zu verbergen, und sagte ihr, dass ich mich auf ihren Anruf freue.

Jetzt hatte ich also ein Problem.

■ ■ ■

»Thorsten, ich brauche deinen Rat.«

»Na, das ist ja mal 'ne Neuigkeit.«

Thorsten, der Polizist in dessen Wohnung ich mit untergekommen bin, steht vor dem offenen Kühlschrank und nimmt sich ein Bier.

»Auch eins?«

Ich nicke und er stellt mir ein Becks auf den Küchentisch. »Na, dann schieß mal los.«

»Ein Mädchen hat mich eingeladen. Zu sich nach Hause. Zum Filme gucken.«

»Siehmaleinerguck! Da hat der kleine Akiva ein Date. Wer lädt dich denn ein? Ist sie wenigstens hässlich?« Er lümmelt sich auf den Küchenstuhl und grinst mich an.

»Hör auf! Meshugene! Sie ist nett und hübsch und ich mag sie. Aber was heißt das denn?«

»Äh, verstehe ich nicht. Was: Was heißt das denn?«

»Mensch, Thorsten! Ich habe keine Ahnung, wie das geht, eine Frau in ihrer Wohnung zu besuchen. Da, wo ich aufgewachsen bin, gab es das nicht. Niemals wäre ein

Mädchen auf die Idee gekommen, mich einzuladen, und

sogar, wenn ich mit einer Cousine allein in einem Zimmer war, hatte die Tür aufzubleiben. Also: Wenn mich eine Frau zum Filme gucken einlädt, will sie dann auch ...«

»... mit dir ins Bett?«, beendet Thorsten den Satz.

»Keine Ahnung. Wird sie dich schon wissen lassen.«

»Na, du bist mir vielleicht eine Hilfe!«

»Akiva, du machst es so: Du besorgst eine schöne Flasche Wein und vielleicht ein paar Blümchen. Signal an sie: Ich könnte mir einen romantischen Ausklang des Filmeguckens vorstellen. Damit gehst du zu ihr. Du kommst nicht pünktlich, sondern so fünf bis zehn Minuten nach der vereinbarten Zeit. Erstens wirkt es dann nicht so, als seist du ein rolliger Kater, der es kaum erwarten kann, zweitens hat sie genug Zeit, sich aufzuhübschen, wenn sie das denn will, und drittens machst du sie vielleicht sogar ein bisschen unruhig. Kommt er oder kommt er nicht? Du klingelst, sie lässt dich rein, der Rest ergibt sich.«

»Meinst du?«

»Mein' ich!«

■ ■ ■

Ich machte es so, wie Thorsten es mir aufgetragen hatte. Zehn Minuten nach der vereinbarten Zeit klingelte ich. Sophia ließ mich eintreten. Was sich dann aber ergab, war alles andere als romantisch.

»Du bist verheiratet und hast drei Kinder.« Sie hatte mich gegoogelt und sie war sauer. Dass ich trotzdem hier war, hieß wohl, dass sie mich mochte. Immerhin hatte sie nicht abgesagt. Aber sie war enttäuscht. Ich würde einiges erklären müssen.

»Ja, drei Kinder habe ich, das stimmt. Aber verheiratet bin ich nicht mehr. Wenn du mich jetzt nicht gleich wieder loswerden willst, kann ich dir das erklären.«

Jetzt erst nahm sie mir den Wein ab und bedeutete mir, mich an die andere Seite des Küchentisches zu setzen. Wir verbrachten diesen Abend und noch viele weitere miteinander. Ich erzählte ihr von meinem Leben in der Satmarer-Gemeinschaft, von meiner Ehe und von meiner Entscheidung, dass alles zu verlassen. Sie erzählte mir von sich, ihrem Interesse für das Judentum und von ihrem Judaistikstudium. Und alles Weitere ergab sich, wie Thorsten es gesagt hatte.

■ ■ ■

Über Rabbi Akiva ben Joseph, einen der bedeutendsten Väter des rabbinischen Judentums gibt es eine sehr schöne Geschichte: Er arbeitete im ersten Jahrhundert n.d.Zt. als Hirte für einen der reichsten Männer in Jerusalem mit dem Namen Kalba Savua. Akiva war ungebildet, galt aber als ehrlich und verlässlich. Außerdem sah er gut aus.

Wenn Akiva mit den Herden seines Herrn zu den Brunnen kam, um dessen Tiere zu tränken, begegnete er manchmal Kalbas ältester Tochter Rachel. Sie unterhielten sich und irgendwann fing Rachel an, genau darauf zu achten, an welche Wasserstellen Akiva seine Herden wann führte. Sie fand Gefallen an dem armen Hirten, mochte seine Bescheidenheit und seinen edlen Geist. Er wusste nichts von Gott und von der Schrift, aber das viele Alleinsein mit den Tieren hatte seiner Wahrnehmung Tiefe gegeben. Er sah Dinge, die andere nicht sehen konnten.

Akiva freute sich und winkte schon von Weitem, wenn er sah, dass Rachel an einem Brunnen auf ihn und seine Tiere wartete. Gerne hätte er mit ihrem Vater gesprochen und ihn gebeten, ihm Rachel zur Frau zu geben. Aber er war ein Hirte und Rachel die Tochter seines Herren. Kalba Savua würde sich halb totlachen, wenn er ihn fragte. Oder er würde ihn, wenn Akiva Pech hatte, wegen seiner unerhörten Anmaßung verprügeln. Also fragte Akiva nicht.

Rachel sah den Schmerz in Akivas Augen und merkte, dass hinter der heiteren Fassade dieses jungen Mannes eine tiefe Sehnsucht wohnte. Eines Tages hielt sie es selbst nicht mehr aus. Sie sagte zu Akiva: »Verlasse meinen Vater und seine Herden. Wenn du mir versprichst, dass du von nun an nur noch die Torah lernst, dann heirate ich dich jetzt.«

So geschah es. Akiva und Rachel heirateten heimlich. Als Rachels Vater das erfuhr, war er außer sich. Er sagte sich von seiner Tochter los und schwor, den anmaßenden Hirten in Stücke zu reißen, wenn er ihn in die Finger bekäme.

Für die beiden brachen schwere Zeiten an. Sie flohen vor der Wut Kalba Savuas und lebten in bitterer Armut. Aber sie hielten aneinander fest und Akiva hielt sein Versprechen. Er lernte mit Eifer und Hingabe Torah. Und auch hier sah er Dinge, die andere nicht sehen konnten. Bald schon ging ihm der Ruf der Heiligkeit voraus. Von überall her kamen Menschen und baten um seinen Rat.

Bald hatte er eine große Schar an Schülern um sich versammelt. Als er es wagte, mit diesen nach Jerusalem zurückzukehren, wurde auch Kalba Savua auf den neuen Rabbi in der Stadt aufmerksam. Er war unterdessen alt **209** geworden und bereute, seine Tochter verjagt zu haben. Er hatte geschworen, sie nie wieder zu unterstützen, und hoffte, der neue Rabbi könne diesen Schwur auflösen.

Rabbi Akiva: »Wenn du gewusst hättest, dass der Hirte, den Rachel heiratete, einmal ein großer Torah-Gelehrter sein würde, hättest du den Schwur dann auch geschworen?« »Niemals!«, antwortete Kalba Savua. »Hätte er auch nur eine *Halacha* gelernt, ich hätte ihn als Schwiegersohn angenommen.«

»Dann«, so antwortete Akiva, »kann ich deinen Schwur auflösen, denn ich bin es, den du verjagt hast.«

Da küsst Kalba Savua die Füße des Rabbi Akiva und gab ihm die Hälfte seines Vermögens. So verdankt das Judentum einen seiner größten Gelehrten der Klugheit, dem Mut und der Umsicht einer Frau.

■ ■ ■

Ich muss an diese Geschichte denken, wenn ich mir vor Augen halte, welche Folgen die Begegnung mit Sophia für mich hatte. Natürlich erwarte ich nicht, in ein paar Jahrhunderten als großer Torahgelehrter verehrt zu werden. Aber Sophia setzte mich auf ein neues Gleis. Sie gab dem, was in mir war, eine Richtung. Wenn sie das nicht getan hätte, wäre ich heute nicht der, der ich bin.

Ich hatte in der mir immer noch fremden Umgebung nun eine Vertraute, die es wirklich gut mit mir meinte. Das bedeutete auch, dass sie mir einige meiner Illusionen nahm. Ich lernte, dass ich meinen Plan, Medizin zu studieren, so ohne Weiteres nicht würde umsetzen können. Das Papier, das ich in Israel erworben hatte und dass mich dort berechtigt hätte, eine Universität zu besuchen, war in

Deutschland nichts wert. Ich würde erst das Abitur oder einen gleichwertigen Abschluss machen müssen.

Unser Plan war, dass ich vielleicht einen Bachelorabschluss in Judaistik machen könnte. Vielleicht würde es mir möglich sein, mich mit dem Bachelor in der Tasche auf einen Studienplatz für Medizin zu bewerben. Und ein Abschluss in Judaistik sollte für mich kein Problem sein. Ich konnte die Sprachen und ich kannte mich in der jüdischen Literatur und Kultur gut aus. Also versuchte ich, einen Studienplatz an der Freien Universität zu bekommen, hatte jedoch kein Glück. Mir fehlte das Abitur. Aber man machte mir Hoffnung. Wenn ich mich als Gasthörer für Judaistik an der Freien Universität Berlin einschrieb und hier ein Jahr lang mitmachte, dann könne man versuchen, eine Ausnahme für mich durchzubekommen. Also begann ich, mit anderen Studentinnen und Studenten die Texte zu lesen, die mich schon mein ganzes Leben begleiteten. Ich erlebte eine Offenbarung – und es war nicht die einzige, die mein Weltbild in dieser Zeit auf den Kopf stellte.

■ ■ ■

Ich bin in Bangalore in Indien. Hitesh, ein Freund aus Berlin, den ich im Sprachkurs kennengelernt habe und sehr mag, besucht seine Familie, und ich kann für ein paar Tage bei ihm wohnen. Ich hatte schon länger den Plan, einmal nach Indien zu reisen, weil ein sehr guter Freund von mir für längere Zeit dort gewesen und verändert zurückgekehrt war. Auch er hatte die Gemeinschaft verlassen und war durch Indien gereist, um zu sich selbst zu finden. Und zu mir selbst finden, das wollte ich ja auch. Also Indien.

Ich bin in Mumbai gelandet und reise ohne einen genauen Plan durch das Land. Nur mit Hitesh bin ich verabredet. Sein Vater ist ein hoher General in der indischen Armee. Darum hat die Familie das Geld, ihn in Deutschland studieren zu lassen. Er hat mich eingeladen, ihn bei seiner Familie zu besuchen.

Jetzt liege ich in dem kleinen Gästezimmer im Haus der Familie und schaue auf einen Schrein, aus dem heraus verschiedene Götterstatuen auf mich herabsehen. Jeden Morgen kommt Hiteshs Mutter, zündet Räucherstäbchen an und legt einige Stücke Obst, Brot oder dergleichen in den Schrein. Offenbar betet sie dabei.

Mich erinnert die Szene an eine Geschichte über den jüdischen Erzvater Avraham, mit der ich aufgewachsen bin: Terach, der Vater Avrahams, verdiente sein Geld mit der Herstellung und dem Verkauf von Götterbildern. Avraham, der dem einen Gott anhing, war das ein Dorn im Auge. Einmal musste sein Vater auf eine Reise gehen und beauftragte Avraham damit, seinen Laden zu hüten und auf die Ware aufzupassen. Avraham versprach, das zu tun.

Als Terach aber fort war, nahm er eine Axt und hackte die Götterbilder kurz und klein. Nur das größte Idol ließ er verschont und gab diesem die Axt in die Hand.

Terach kam zurück, und als er das Chaos in seinem Laden sah, war er sehr wütend. »Was ist hier passiert?«, brüllte er Avraham an. »Konntest du nicht besser aufpassen!?«

Avraham stand da und beteuerte, dass er nichts dafür könne. Eine Frau sei gekommen und habe Essen für die Statuen vorbeibringen wollen. Die große Statue aber habe alle Gaben für sich beansprucht und darum all die kleinen Götterbilder in Stücke gehackt.

Terachs Augen verengten sich zu Schlitzen: »Du weißt schon, dass die Götterbilder aus Holz sind? Die essen nicht, die bewegen sich nicht, die können nichts!«

»Tja«, darauf Avraham, »dann solltest du vielleicht einmal deine Ohren hören lassen, was dein Mund gerade gesagt hat.«

Ich hatte diese Geschichte als Kind immer sehr lustig gefunden. Wie dumm die Götzenanbeter doch waren! Glaubten sie wirklich, dass Holzfiguren Nahrung brauchen und dass sie zum Dank den Opfernden helfen würden? Glaubten sie wirklich, dass diese Figuren Götter seien?

Und nun lag ich hier im Gästezimmer des Hauses einer Götzenanbeterin, und indische Gottheiten schauten auf mich herab.

»Warum bringen Sie den Götterbildern etwas zu essen?«, fragte ich Hiteshs Mutter. Sie war eine einfache Frau ohne formale Ausbildung. Aber sie war sehr zugewandt und klug. Ich mochte sie. »Glauben Sie wirklich, dass sie Nahrung zu sich nehmen?«

»Nein«, lachte sie. »Die Götterbilder sind aus Holz, Farbe und ein bisschen Blattgold. Die essen nichts und die haben auch keine Macht. Ich muss sie nur gelegentlich abstauben. Ich bringe ihnen Opfergaben, um meinen Respekt für das zum Ausdruck zu bringen, für das sie stehen, für die Kräfte, die sie repräsentieren. Wenn ich das mache, richte ich mich auf diese Kräfte aus. Das Bringen von Opfergaben ist den Göttern egal. Aber es macht etwas mit den Opfernden!«

Sie versuchte dann, mir die indische Götterwelt ein wenig näherzubringen, aber ich kapitulierte. Für jemanden, dem man beigebracht hatte, allein dem einen Gott unbedingt zu dienen, waren die zahlreichen Göttinnen und Götter, die sie mir vorstellte, einfach zu viel. Was ich aber wahrnahm: Diese Götzendiener waren keine schlechten Menschen. Sie behandelten mich freundlich, waren zuvorkommend, teilten mit mir, was sie hatten – und oftmals war das nicht viel.

Und sie waren unglaublich entspannt. Richtig, falsch, gut, schlecht – das schien ihnen eher relativ zu sein. Ich hatte gelernt, dass es immer ein Entweder-Oder gibt; in Indien lernte ich, dass man auch mit einem Sowohl-Als-auch leben konnte.

Manchmal, erzählte mir Hiteshs Mutter, gehe sie auch in eine christliche Kirche und bete ein wenig mit. Schließlich gebe es hinter all den Ausprägungen des Göttlichen ein großes Ganzes. Sie sei überzeugt, dass daran alle Religionen Anteil hätten.

Die Erfahrungen in Indien veränderten meine Sicht auf die Religion. War das, was ich mein Leben lang als eine Welt aus Regeln und Gesetzen kennenlernte und mich schließlich so beengte, dass ich aus ihr ausbrechen musste, vielleicht gar kein enger Raum, sondern ein weites Feld aus Möglichkeiten? Gab es vielleicht nicht nur den einen richtigen Weg auf diesem Feld der Möglichkeiten, sondern viele Wege?

Als ich nach Pune kam, erzählte man mir, dass es in dieser Stadt die größte Synagoge Asiens gebe. Ich machte mich auf den Weg, um sie zu besuchen. Bei dem imposanten Bauwerk angekommen, sank mein Mut. Das Gebäude und der Platz davor wurden von der indischen Armee schwer bewacht, weil es Terroranschläge gegeben hatte, und eigentlich wurde man nur nach vorheriger Anmeldung eingelassen. Aber wir waren in Indien: Ich sprach die Soldaten an, lamentierte, dass ich den weiten Weg aus

Deutschland gekommen sei, um die Synagoge zu sehen, und als Jude sicher keine finsteren Absichten gegen sie hegte. Schließlich ließen sie mich hinein.

Der *Gabbai*, der Synagogenvorsteher dort, war ein alter Inder mit dem Namen Eliyahu. Er freute sich sehr, als ich mich ihm vorstellte. Doch als ihm klar wurde, dass ich Rabbiner war, wurde er ernst. Ob ich ihm helfen könne, die *Tefillin* anzulegen und ob ich ihn segnen könne?

Ich hatte gemeint, mein Jüdischsein hinter mir lassen zu müssen. Ich wollte diese Welt, die ich als Gefängnis erlebt hatte, verlassen. Und nun stand hier ein alter indischer Jude vor mir, der sich nach genau dem Gegenteil sehnte. Ich band ihm die *Tefillin*, sagte die Gebete, ich legte ihm die Hände auf, segnete ihn.

Und es geschah etwas, womit ich nicht gerechnet hatte. Ich hatte mich von der Gemeinschaft entfernt, mein chassidischer Weg, ja, mein Judentum waren mir zur Frage geworden. Freunden hatte ich sogar erklärt, dass ich mich nicht mehr jüdisch fühlte und nie mehr jüdisch sein würde. Und hier, am anderen Ende der Welt in einem Land, das so vielen Göttern Heimat ist und so viele Religionen beherbergt, treffe ich auf einen alten Juden, der sich mir zugehörig fühlt und von mir den Segen erbittet. Gehöre ich doch noch dazu? Und gehöre ich in meinem Dazugehören zu noch etwas Größerem? Ich erlebte ein überwältigendes Gefühl der Verbundenheit. Ich spürte, dass es gut ist, wie es ist, und dass ich einen Weg finden werde. Als ich gehe, lädt Eliyahu mich ein, jederzeit wiederzukommen. Es gebe einen Raum für den *Chazzan* in der Synagoge. Da könne ich immer wohnen.

■ ■ ■

Die Reise nach Indien, die Gespräche mit Thomas Day und die Erfahrungen in der Lehrhütte, das alles veränderte mich. Ich kam aus einer Welt, in der es eine große Angst vor Zweifeln und offenen Fragen gab. Und in dem panischen Bemühen, auf jede Frage die eine richtige Antwort zu finden, war diese Welt in Zwängen und Regeln erstarrt. Nun merkte ich: Fragen sind erlaubt. Unsicherheit ist erlaubt und vor allem: Ich selbst bin mit meinen Fragen und mit meiner Unsicherheit erlaubt.

Das Studium an der Freien Universität Berlin bestätigte und vertiefte diese Wahrnehmungen. Wir lasen die Texte nicht in der Weise der Ultraorthodoxen, sondern aus einer historischen und wissenschaftlichen Perspektive. Und gerade so lernte ich sie neu kennen und lieben.

Die alten Schriften sind keine Quellen, aus denen sich unmittelbar Antworten auf unsere Lebensfragen ableiten lassen. Aber sie sind Zeugnisse einer Sehnsucht, in der sich Menschen nach dem was sie Gott nennen, ausstrecken. Sie sind Zeugnisse einer Form, in der sich Menschen Gott denken und nach dem Göttlichen suchen. Und meine Lebensgeschichte ist mit dieser Wahrnehmungsgeschichte des Göttlichen verbunden. Das ist ein Zufall, aber das macht ja nichts. Vielleicht ist ja dieser Zufall genau mein Ort?

Was für mich in dieser Zeit noch eine Frage war, wurde bald zur Gewissheit. Professorin Tal Ilan hatte sich während des ganzen Jahres, in dem ich als Gasthörer an der FU eingeschrieben war bemüht, mir eine Zulassung für einen Studienplatz für Judaistik zu beschaffen. Sie schrieb an den Dekan, lobte meine Fähigkeiten und meine Kenntnisse. Aber es gelang nicht. Ich hatte kein Abitur und eine Sondergenehmigung konnte ich nicht erhalten.

Aber in Potsdam gab es die Möglichkeit, ein akademisches Vorbereitungsjahr zu machen. Danach würde ich dort Judaistik studieren können. Ich ahnte, dass dies für mich ein Weg sein könnte.

Und ich ahnte bald, dass ich vielleicht doch ein Gemeinderabbiner sein könnte. Als ich im Rahmen meines Studiums Praktika in den jüdischen Gemeinden in Dresden und besonders in Basel absolvierte, öffneten mir

Studienabschluss in Potsdam

diese die Augen für einen zukünftigen Weg. Das Interesse, das meinen Kenntnissen im Judentum dort entgegengebracht wurde, und die Wertschätzung, die ich hier erfuhr, gaben mir Sicherheit und das Vertrauen in meine jüdische Identität zurück.

IX

RABBINER

Ein jüdischer Witz geht so: Eine Frau ruft aufgeregt beim Rabbiner an. Ihr sei ein Stück Butter in den *Tscholent* gefallen, in das klassische Eintopfgericht, dass es am Schabbatmittag üblicherweise gibt. Nun ist guter Rat teuer.

Die Speisegesetze verbieten ja das Vermischen von Fleischigem und Milchigem. Und da der Tscholent mit Hühner- oder Rindfleisch gekocht wird und Butter nun einmal ein Milchprodukt ist, ist das Schabbatmahl dieser Frau unrein und darf nicht mehr gegessen werden. Der Rabbiner überlegt: Soll die Familie, die möglicherweise auch noch Gäste zum Schabbat hat, ohne Mittagessen sein? Was wird man in der Gemeinde über die arme Frau sagen, der das Missgeschick passiert ist?

Wieviel Butter es denn gewesen sei, fragt er die Frau. Diese nennt ihm die ungefähre Menge. Und wie groß der Topf sei, fragt er weiter. Auch auf diese Frage bekommt er Antwort. Der Rabbiner überschlägt das Verhältnis und entscheidet: »Es ist *butel beshishim*. Es ist sechzigmal mehr Tscholent als Butter im Topf und damit ist der Tscholent koscher und kann gegessen werden.«

Einige Wochen später begegnen sich der Rabbiner und die Frau auf der Straße. »Rabbi, Rabbi! Ich danke Ihnen! Seit ich meinen Tscholent mit *butel beshishim* koche, schmeckt er allen noch viel besser!«

■ ■ ■

Nehmen wir einmal an, die Geschichte hat sich tatsächlich so zugetragen. Was würde der Rabbiner der Frau jetzt antworten?

Vermutlich würde er mit Strenge reagieren. Dass er ihr gesagt habe, der Tscholent sei koscher, obwohl ihr Butter hineingefallen sei, sei eine einmalige Entscheidung nach einem Missgeschick gewesen, aber sicher kein Rezeptvorschlag, den sie nun auf Dauer anwenden könne. Sie habe nach wie vor Milchiges und Fleischiges nicht zu vermischen, wenn sie ihrer Familie und ihren Gästen ein den Speisegesetzen entsprechendes Schabbatmahl vorsetzen wolle. Sie müsse damit aufhören.

Hat der Rabbiner Recht? Würde ich, der ich heute auch Rabbiner einer Gemeinde bin, genauso reagieren?

Ich glaube ja. Auch ich würde der Frau sagen, dass ich ihr in einer konkreten religiösen Notlage einen pragmatischen Rat geben wollte, der der Halacha entspricht, dass dieser Rat aber keine allgemeine Regel, sondern die Ausnahme sei. Ich würde meinem fiktiven Kollegen zustimmen und die Frau auf die Verbindlichkeit der Speisegesetze hinweisen.

Und doch könnte ich das heute, anders als zu meiner Zeit in der Ultraorthodoxie, mit einer anderen inneren Haltung. Damals empfand ich die Regeln, die uns zu halten aufgegeben sind, als Gebote, die unmittelbar von Gott kommen. So hatte ich es gelernt. Den Tscholent mit einem Stück Butter so zu verfeinern, dass dieser so gerade noch als *butel beshishim* durchgehen konnte, das war nicht einfach nur eine clever-kreative Auslegung der Speisegesetze unter Verallgemeinerung einer halachischen Regel, das war ein Vergehen gegen den Willen Gottes selbst. Diese Frau lief Gefahr, den Zorn Gottes heraufzubeschwören, der sich dann nicht nur gegen sie, sondern gegen alle richten würde, die am Schabbatmahl teilnahmen. Die Frau hatte, gesehen aus meiner damaligen Perspektive, schwere Schuld auf sie geladen.

Mein heutiger Blickwinkel ist ein anderer und ich kann ihn vielleicht so beschreiben: Während ich damals der Meinung war, dass der Mensch für die Einhaltung der Regeln da ist, finde ich heute, dass die Regeln für den Menschen da sein sollten. Die *Mizwot*, dieses Gebirge aus Anweisungen, Pflichten, Geboten und Verboten, sind mir mit meinem Ausstieg aus der Gemeinschaft der Satmarer nicht einfach gleichgültig geworden, auch wenn ich zunächst dachte, dass das so sein würde. Ich habe zu ihnen zurückgefunden und begegne ihnen doch mit einer ganz anderen Haltung. Anders als zu meiner satmarer Zeit empfinde ich sie heute nicht mehr als mir meine Freiheit raubende Bedrückung, sondern als eine Möglichkeit, mich in meinem Dasein einzufinden und mein In-der-Welt-Sein aufmerksam und achtsam zu gestalten. Die *Mizwot* sind Teil meiner jüdischen Identität, so wie sie über Jahrhunderte hinweg das Leben der Jüdinnen und Juden bestimmt und die Besonderheit der jüdischen Kultur geprägt haben. Sie sind, wie im ersten Kapitel dieses Buches beschrieben, eine Gebrauchsanweisung für das Leben. Aber eben eine Gebrauchsanweisung, die *eine mögliche Existenzweise* unterstützen kann, ohne daraus gleich abzuleiten, dass alle anderen Existenzweisen verloren oder gar böse seien. Die *Mizwot* machen uns ein Angebot. Sie können uns helfen, unser Leben achtsamer, verantwortlicher, intensiver und vielleicht sogar weiser zu leben. Sie sind aber – und das ist für mich heute der entscheidende Unterschied in der Wahrnehmung dieser

Regeln im Vergleich zu meiner Zeit als Satmarer Chassid – keine Regeln, die unmittelbar von Gott kommen. Sie sind Teil einer religiösen Kultur, die Menschen über Jahrhunderte hinweg geschaffen, weitergegeben und dabei auch weiterentwickelt haben. Menschen haben versucht, in dieser Kultur auf ihre existenziellen Fragen nach dem Woher und Wohin ihres Lebens, nach dem Sinn von Leid, aber auch nach der Möglichkeit für Glück und dem Gelingen des Daseins eine Antwort zu finden.

Es mag sein, dass die Antworten, die sie gefunden haben, heute in manchen Fragen nicht hilfreich sind. Dann sollte man sich nicht mit diesen Antworten aufhalten. Aber das all diesen *Mizwot* zugrunde liegende Ziel hat an Wert und Reiz nichts verloren, nämlich dem Vollzug des Lebens Aufmerksamkeit zu widmen, jedem Tag und jeder Stunde Wertschätzung entgegenzubringen und dem Leben eine Richtung zu geben.

Darum würde ich der Frau, die ihren *Tscholent* mit Butter verfeinert, durchaus ans Herz legen, sich die Speisegesetze zu eigen zu machen. Was ich ihr aber nicht sagen würde, ist, dass sie eine Sünde begangen und Schuld auf sich geladen habe.

■ ■ ■

Dass ich die *Mizwot* heute als wertvollen Teil der jüdischen Kultur und auch meiner jüdischen Identität begreifen kann, ist mir möglich, weil sich das Bild, das ich von Gott habe, grundlegend verändert hat. Ich hatte gelernt, dass Gott eine Art transzendentes Geistwesen sei, unsichtbar, aber permanent anwesend. Dieser Gott achtete in seiner Verborgenheit auf alles, was ich tat, und bewertete es.

Entsprachen mein Handeln, mein Reden und sogar mein Denken den von ihm erlassenen Gesetzen? Wenn ja, dann war es gut, dann war ich gut. Entsprachen sie diesen Gesetzen nicht? Dann war es böse, dann war ich böse! Vermittelt hatten mir dieses Bild die Menschen in meiner Gemeinschaft, die ich als Autoritäten wahrnahm: meine Eltern, die Lehrer am Cheder und später an den verschiedenen Jeschiwot. Diese Autoritäten waren es auch, die diese Gesetze Gottes auslegten. Und sie hatten Macht über mich, weil sie Vertreter dieser Gesetze waren. Sie fügten mich mit dieser Macht in eine in sich geschlossene Welt ein. Sie nahmen mein Denken und die Weise, wie ich die Welt deutete, in Besitz.

Doch irgendwann drang das, was außerhalb dieser Welt war, zu mir. Und was ich bemerkte, weckte zuerst den Zweifel und nährte ihn dann so lange, bis ich die Gemeinschaft verlassen musste und damit auch das in dieser Gemeinschaft weitergegebene Bild von Gott.

Ich verlor Gott und war frei. Ich konnte nicht mehr glauben und fühlte mich leer und ohne Orientierung.

Dass und auf welche Weise ich diese verändert, ganz neu und anders zurückgewann, habe ich in diesem Buch erzählt. Die Texte, die ich gelernt hatte und die mir in meinen Zweifeln wie Stroh geworden waren, sie sprachen neu zu mir. Oder besser andersherum: Ich konnte neu mit diesen Texten ins Gespräch kommen. In diesem neuen Gespräch erzählten sie mir auch anders von Gott. Was sie erzählten, macht eine biblische Geschichte deutlich.

■ ■ ■

Moshe arbeitet als Hirte und hütet die Herden seines Schwiegervaters Jitro, des Priesters von Midian. Eines Tages beobachtet er ein merkwürdiges Phänomen: Er meint, einen Dornbusch zu sehen, der brennt, ohne zu verbrennen. Moshe nähert sich, um dieser Sache auf den Grund zu gehen, und macht eine Gotteserfahrung. Gott beauftragt Moshe, nach Ägypten zu gehen und das Volk Israel aus der Hand des Pharaos zu befreien und in ein Land zu führen, in dem Milch und Honig fließen.

Moshe ist nicht begeistert von dieser Idee. Einmal abgesehen davon, dass der Pharao, der Herrscher Ägyptens, sich von einem Hirten kaum wird beeindrucken lassen, werden auch die Israeliten fragen, woher er denn meine, die Autorität zu haben, sie aus Ägypten herauszuführen. Gott antwortet: »Sag ihnen, dass es der Gott ihrer Vorfahren Avraham, Yizhaks und Yakovs ist, der dich sendet.« Moshe bleibt stur. Das könne er machen, aber die Israeliten werden wissen wollen, wer genau dieser Gott denn sei, sie werden einen Namen hören wollen. Und daraufhin nennt Gott seinen Namen: »Ich bin, der ich sein werde« (Exodus/Schemot 3,7ff).

Um das gleich deutlich zu machen: Ich glaube heute nicht mehr, dass diese Geschichte sich »in Wirklichkeit« so ereignet hat. Es hat keinen brennenden, aber nicht verbrennenden Dornbusch gegeben. Die Geschichte ist eben genau das: eine Geschichte; ein Stück Literatur, das in klugen, faszinierenden Bildern Menschen hilft, ihre Welt und ihr In-der-Welt-Sein zu deuten. Aber nicht allen Menschen, sondern denen, die nach Gott fragen.

Als solche gehört diese Geschichte für mich zu den Ur-Erzählungen des jüdischen Monotheismus. Sie hat mein Gottesbild radikal verändert, als ich sie endlich neu lesen und verstehen konnte, nämlich als eine von Menschen erzählte Geschichte, die auf eine von Menschen gestellte Frage eine Antwort zu geben versucht. Die Frage, die die Geschichte stellt, ist: Wer oder was ist Gott? Die Antwort, die sie gibt, ist vielschichtig, kreativ, ein bisschen geheimnisvoll und zugleich sehr, sehr spannend.

Als Erstes erinnert Gott Moshe daran, dass der Gott »Avrahams, Yizchaks und Yakovs« zu ihm spricht. Das ist eine Anspielung auf die Geschichte der »Vorväter«, auf die sich das Volk Israel zurückführt. Mit Avraham hat der eine Gott den Bund geschlossen, der nun für seine Nachkommen, nämlich seine Söhne und dann für das Volk Israel in gleicher Weise gilt. Dieser Bund begründet eine exklusive Bindung des Volkes Israel an Gott als den *einen Gott*. In einem polytheistischen Umfeld ist es das Volk Israel, das den Monotheismus sozusagen »erfindet«. Seinen prägnantesten Ausdruck bekommt dieser Monotheismus im 1. Gebot: »Ich bin dein Gott, der dich aus Ägypten geführt hat, aus dem Sklavenhaus. Du sollst neben mir keine anderen Götter haben. Du sollst dir kein Gottesbild machen und keine Darstellung von irgendetwas am Himmel droben, auf der Erde unten oder im Wasser unter der Erde. Du sollst dich nicht vor anderen Göttern niederwerfen und dich nicht verpflichten, ihnen zu dienen.« (Exodus/ Schemot 20,2ff)

Schön und gut, aber was genau lässt sich über diesen einen Gott sagen? Was kann er, wie zeigt er sich? Danach fragt Moshe, wenn er nach dem Namen Gottes fragt. Die Antwort, die er auf seine Frage erhält, ist verwirrend und spannend zugleich: »Ich bin, der ich sein werde.«

Mit diesem Satz antwortet Gott, indem er gerade nicht klar antwortet und sich doch die Möglichkeit einer klaren

Antwort offenhält. Ich finde, dass der Geschichte hier ein wunderbarer literarischer Kniff gelingt! Denn einerseits entzieht sich Gott mit dieser Antwort einer Definition. Gott ist nicht der oder diese, jenes oder etwas anderes. Gott ist nicht benennbar und auf den Begriff zu bringen. Ganz abgekürzt gesagt: Die Geschichte bringt in diesem Satz auf den Punkt, dass Gott kein Objekt des menschlichen Denkens ist. Gott kann vom Menschen nicht erfasst und beschrieben werden, wie Menschen beispielsweise einen Tisch, einen Stuhl oder einen Baum analysieren und beschreiben können. Gott ist dem Denken des Menschen prinzipiell nicht zugänglich.

Dass Menschen »sich Gott nicht denken können«, bedeutet aber nicht, dass es zwischen Gott und Menschen keine Berührung geben kann. Das ist, meine ich, die andere Seite, die in dieser Antwort zum Vorschein kommt. Gott ist, der er sein wird. Das spielt auf ein Geschehen an, dass sich in der Beziehung zwischen Gott und Mensch ereignet. Gott zeigt sich: In der Geschichte des Volkes, in der Geschichte jedes einzelnen Menschen. Gotteserfahrung ist ein Beziehungsgeschehen, das sich in meinem konkreten In-der-Welt-Sein ereignet. Das ist unkalkulierbar, unberechenbar und immer wieder anders. Das ist lebendig – und ich glaube, das ist gemeint, wenn z. B. der Prophet Yermiyahu davon spricht, dass Gott ein »lebendiger Gott« sei (Jeremia/Yermiyahu 10,10).

Der Gott, der so beschrieben wird, ist kein Gott, der – mit einem Sortiment an Regeln ausgestattet – irgendwo im Verborgenen hockt und überprüft, ob seine Regeln auch beachtet werden, um dann zur Bestrafung oder Belohnung schreiten zu können. Dieser Gott ist sicher kein Gott, der überprüft, ob ein Kind zuerst seinen linken und dann seinen rechten Schuh anzieht, und vor allem ist dieser Gott keiner, der in die Zimmer von Jugendlichen schaut, um zu prüfen, wie oft sie die »große Sünde« begehen! Es ist ein Gott der Freiheit, ein Gott der Möglichkeiten. Und heute scheint es mir, dass die Torah nichts anderes tut, als davon zu erzählen, wie es ist (oder sein könnte!), wenn Menschen die Möglichkeiten in Freiheit ergreifen, die ihnen in der Welt als Schöpfung Gottes mit und vor Gott offenstehen.

■ ■ ■

Es stellt sich natürlich die Frage: Ist der Gott, wie er in der Geschichte vom brennenden Dornbusch beschrieben wird, nicht ein nur gedachter Gott? Ist ein Gott, der allein in der Weise, wie er wirkt, erkannt werden kann, nicht ein von Menschen gemachter Gott? Ist dieser Gott nicht einfach ein Idol, das Menschen sich machen, wenn sie ihre Hoffnungen, Wünsche und Erfahrungen spirituell überhöhen? Nichts anderes als eine fromme Illusion?

Ja, das ist möglich.

Wenn man ernst nimmt, dass Gott kein Gegenstand menschlichen Erkennens sein kann, dann kann diese kritische Rückfrage mit keinem Argument entkräftet werden. Einen Gott, den *es gibt*, gibt es dann nämlich nicht. Dann gibt es nur den Gott »für mich« oder »für uns«, den Gott von Menschen, die von ihren Erfahrungen berichten und erzählen, was sie mit diesem erlebt haben. Diesen Erzählungen kann man glauben und sich auf sie einlassen, oder eben nicht. Eine solche Haltung rechnet mit der Möglichkeit, dass es Gott gibt, ohne das eigene Gottesbild absolut zu setzen. Gott ist dann der oder die, der oder die er oder sie sein will. Gott wird Wirklichkeit in den Erfahrungen, die Menschen machen und von denen sie – als Juden, als Christen, Muslime, Hindus oder wie auch immer – erzählen. Religionen sind dann keine geschlossenen Häuser der Wahrheit, sondern die Sprachen Gottes in der Welt.

Rabbiner in der Gemeinde in Basel

Das Judentum ist eine der Gemeinschaften, in der Gotteserfahrungen erinnert und weitererzählt werden. Das Judentum ist geprägt von dieser Kultur des Erinnerns und

Erzählens. Eine meiner Aufgaben als Rabbiner sehe ich darum heute darin, Menschen, die in dieser Kultur beheimatet sind, dabei zu unterstützen, sie noch besser kennen zu lernen. Vielleicht machen sie darin neue Entdeckungen und fügen der Erzählgemeinschaft eine Geschichte hinzu, die bisher noch niemand erzählt hat?

■ ■ ■

Mein Gottesbild hat sich verändert und das hat mich religiös frei gemacht. Ich verstehe mich heute als Teil einer Erzählgemeinschaft, in der Menschen mit ihren individuellen Lebensgeschichten ihren Weg zu einem guten Leben je für sich in der Gemeinschaft mit anderen suchen. Gut meint dabei gelingend und anständig zugleich. Die Regeln und Gebote, die diese Gemeinschaft über die Jahrhunderte hinweg formuliert und weitergegeben hat, können dabei Orientierung geben. Aber: Die Gebote verstehe ich heute als Angebote und nicht als Gesetze, deren Übertretung in den ewigen Abgrund führt. Dabei erlebe ich die Praxis des Judentums, das Begehen des Schabbats und das Feiern der Feste, das gemeinsame Singen und das traditionelle Essen als einen Raum der Beheimatung in einer lebensdienlichen Kultur.

Das alles hat eine Rückseite. Wenn die Weise, wie man in der Welt sein soll, durch Regeln klar definiert ist und ein eifersüchtiger Gott scharf auf die Einhaltung dieser Regeln achtet, dann wird das Leben unfrei. Aber diese Unfreiheit bedeutet auch Gewissheit. Richtig und falsch, Gut und Böse sind klar voneinander zu unterscheiden. Hat man aufgehört, in dieser Weise zu glauben, ist zunächst Unsicherheit die Folge.

Als ich die Gemeinschaft verlassen hatte, fühlte ich eine Leere und Orientierungslosigkeit, die ich nie für möglich gehalten hätte und die mir unglaubliche Angst machte. Ich musste lernen, diese Unsicherheit auszuhalten. Das war und ist anstrengend und ich gebe zu: Manchmal erfasst mich Wehmut, wenn ich an die Naivität denke, mit der ich früher in der Lage war, die Welt zu sehen. Ich kann und ich will nicht zurück, aber ich ertappe mich dabei, dass ich die Entschiedenheit, mit der z.B. mein Vater nach wie vor in dieser Welt beheimatet ist, auch ein wenig beeneide.

Weil ich um diese Spannung weiß und weil ich weiß, wie schwer es ist, wieder Boden unter die Füße zu bekommen, wenn man die Gemeinschaft verlassen hat, habe ich zusammen mit meiner Frau Rosa und anderen engagierten Menschen die *Besht Yeshiva* in Dresden gegründet. Unser Ziel ist es, Jüdinnen und Juden, die aus ultraorthodoxen Gemeinschaften ausgestiegen sind, dabei zu helfen, in der Welt »draußen« einen neuen Platz zu finden. Das hat einerseits eine pragmatische Seite. Es geht darum, Menschen, die bisher wenig bis keinen Kontakt zur Lebenswirklichkeit einer modernen Gesellschaft hatten, dabei zu unterstützen, sich darin zurechtzufinden: Wo kann ich wohnen? Was ist ein Mietvertrag? Wie eröffne ich ein Bankkonto? Diese Fragen gilt es zu beantworten.

Dazu kommt, dass wir Aussteigerinnen und Aussteiger dabei unterstützen, sich eine berufliche Perspektive aufzubauen. Wir helfen ihnen, Deutsch zu lernen, Förderangebote zu finden, eine Ausbildung zu machen oder bereits vorhandene Kompetenzen so zu entwickeln, dass sie in der Lage sind, für ihren Lebensunterhalt zu sorgen.

Ganz wichtig ist es uns aber auch, diese Menschen dabei zu begleiten, zu einer neuen Gestalt ihrer jüdischen Identität zu finden. Aus eigener Erfahrung weiß ich um die Verlorenheit, die sich einstellt, wenn man die Gemeinschaft verlässt. Man hat sie verlassen, weil man in ihr nicht mehr bleiben konnte; aber niemand streift die Prägungen, die man in ihr erfahren hat, einfach ab. Diese gehören als Teil der eigenen Biografie unlösbar zur eigenen Identität und müssen darum einen neuen Platz in der veränderten Wirklichkeit des eigenen Lebens finden. Der Prozess dahin ist schwierig. Nicht wenige scheitern daran. Die hohe Suizidrate bei Aussteigern zeigt genaue dies. Darum brauchen Aussteiger in der Leere und der Orientierungslosigkeit nach dem Ausstieg Hilfe.

Ich selbst hatte das Glück, auf eine neue Weise zu meinem Jüdischsein zurückzufinden. Begleitet und angeregt von Menschen in den Gemeinden, in denen ich als Rabbiner gearbeitet habe und heute noch arbeite, habe ich den Wert meiner Kenntnisse über das Judentum erkannt und zu einer fruchtbareren jüdischen Identität gefunden.

In der *Besht Yeshiva* versuchen wir, mit anderen Aussteigerinnen und Aussteigern zusammen Wege zu finden, wie auch sie das, was sie verlassen haben, neu entdecken und sich neu in ihrem Judentum beheimaten können. Ganz entscheidend dabei ist, dass wir uns an die Traditionen erinnern, aus denen wir kommen. Und sehr wichtig auch, dass alle Aussteiger, weil sie diese Traditionen kennen, einen enormen Schatz in sich tragen. Sie verfügen über ein ungeheures Wissen, von dem Juden wie auch nichtjüdischen Menschen profitieren können. Sie haben zudem eine kaum zu unterschätzende Energie, Neues zu wagen und anzugehen. Denn was bleibt jemandem anderes zu tun, wenn er aus den Trümmern seiner Existenz kommt, als mit aller Kraft etwas Neues anzugehen und seine Zukunft in die Hand zu nehmen.

■ ■ ■

Der Name *Besht* unserer Yeshiva ist ein Akronym des Namens des Begründers der chassidischen Bewegung, Rabbi Israel *Baal Shem Tov* (1700-1760). Diese Bewegung war, anders als man angesichts des heutigen Chassidismus den Eindruck haben kann, in ihren Anfängen keineswegs konservativ, eng und unerbittlich. Im Gegenteil: Gegen eine strenge Auslegung von Torah und Talmud betonte die chassidische Bewegung die Möglichkeit einer mystischen Gottunmittelbarkeit jedes Glaubenden. Der *Baalschem* hob nicht die Wichtigkeit von Gelehrsamkeit und der Kenntnis von Texten hervor, wie es die Rabbiner seiner Zeit taten. Ihm ging es um die Ausrichtung des Lebens auf Gott hin und die Erfahrung des Göttlichen, wie sie – seiner Meinung nach – z.B. in Musik und Tanz, aber auch im alltäglichen Leben möglich seien. So konnte auch Arbeit Gottesdienst sein. Erzählt wird z.B. die Geschichte des Rabbi Levy Yitzchak von Bardichev (1740-1809). Dieser beobachtet eines Tages einen Kutscher, der die Achsen seines Gefährtes schmiert. Offenbar hat der gute Mann ein Problem: Es ist Morgen, er muss sich dringend auf den Weg machen, aber er möchte auch seine religiöse Pflicht des Morgengebetes erfüllen. Also steht er jetzt mit angelegten *Tefillin* und *Tallit* mit der Ölkanne in der Hand und betet. Jeder andere Rabbiner hätte es ungeheuerlich gefunden, auf diese Weise das Heilige und das Alltägliche zu vermischen. Nicht so Rabbi Levy Yitzchak. Er hebt die **232** Augen zum Himmel und sagt: »Heiliger Gott, schau, wie heilig deine Kinder sind. Auch wenn sie arbeiten, beten sie!«

Die chassidische Bewegung hatte am Anfang, das macht die Geschichte deutlich, etwas Heiteres und zugleich Anarchisches. Entsprechend kritisch sahen sie die damals etablierten jüdischen Autoritäten. Dreimal wurde die chassidische Bewegung mit einem *Cherem*, einem religiösen Bann, belegt. Aber sie konnte sich durchsetzen und ihr Geist hat sich im osteuropäischen Judentum über gut zwei Jahrhunderte hinweg erhalten können. Die jüdische Kultur des »Heims«, wie sie mein Großvater nannte, war davon geprägt. Sie wurde im Holocaust vernichtet.

Neu entstanden ist der Chassidismus nach dem Holocaust, nun aber auf dem Hintergrund genau dieses furchtbaren Traumas. Das Heitere und Anarchische wurde nun durch die unbedingte Einhaltung der Gebote und Regeln ersetzt. So sehr, dass sogar Joel Teitelbaum sich darüber beklagte, dass die Torah des Baalshem vergessen sei.

Auf diesem Hintergrund sehe ich die Aufgabe der *Besht Yeshiva* nicht allein in der Begleitung chassidischer Aussteiger. Wir möchten auch zurückfinden zu einer chassidischen Identität, die das liberale und heiter offene der Ursprünge neu entdeckt. Es ist ein Zufall, dass wir diesen Weg gerade in Deutschland, im Land der Täter versuchen. Aber darin liegt vielleicht auch eine besondere historische Chance. Es gibt die berühmte Geschichte der beiden Brüder Rabbi Elimelech von Luzensk und Rabbi Zusha von Anipoli, die sich auf den Weg machen, um den Chassidismus in die deutschsprachigen Länder zu bringen. Unterwegs begegnet ihnen der Teufel. Als dieser erfährt, was die beiden Brüder vorhaben, droht er ihnen: »Wenn ihr weiter nach Westen geht, werde ich keine anderen Menschen mehr in Versuchung bringen und mich ganz auf euch beiden konzentrieren!« Da bekommen es die beiden Brüder mit der Angst und kehren um. Vielleicht ist nun aber die Zeit gekommen, ein vom Chassidismus inspiriertes Judentum in Deutschland zu etablieren?

■ ■ ■

Ich habe in diesem Buch den Weg beschrieben, den ich in meinem Leben bisher gegangen bin. Bei allem, was ich erzählt habe, ist mir eines sehr wichtig zu betonen: Ich habe auf diesem Weg viele Entscheidungen getroffen. Die vielen kleinen des Alltags und einige große. Die größte und einschneidendste war, die Gemeinschaft der Satmarer Chassidim zu verlassen.

Und doch habe ich nicht das Gefühl, mich für dieses Leben und diesen Weg wirklich entschieden zu haben. Was wäre zum Beispiel gewesen, wenn meine Ehe glücklich geworden wäre? Was, wenn mir Thomas Day oder Sophia nicht begegnet wären? Wie wäre mein Jüdischsein heute, wenn ich nie nach Indien gereist wäre? Aber auch: Was für ein Mensch wäre aus mir geworden, wenn ich nicht in der Satmarer-Gemeinschaft aufgewachsen wäre? In ihr lernte ich eine Religion und eine Kultur, die es mir heute möglich machen, Rabbiner zu sein, weil sie mir, auch wenn der Weg dahin kein gerader war, den Wert meines Judentums vermittelten.

Ich habe nicht das Gefühl, diesen Weg gewählt zu haben. Ich habe das Gefühl, dass der Weg mich gewählt hat und dass ich mich habe wählen lassen, und ich bin gespannt darauf, wohin er mich noch führt.

WEITERGEHEN ...

Ich habe über meine Erfahrungen in der ultraorthodoxen Welt berichtet. Ich habe diese Welt verlassen, weil ich die Regelhaftigkeit, die Enge des Denkens und das Verbot, Fragen zu stellen, die es in dieser Welt gibt, nicht länger ertrug. Ich habe von meinen persönlichen Erfahrungen erzählt und den persönlichen Entschlüssen, die ich fassen musste.

Das bedeutet nicht, das andere nicht ganz andere Erfahrungen machen können und auch machen. Es gibt gute Gründe dafür!

Die ultraorthodoxe Welt ist für die, die sie bewohnen, eine gut organisierte, sichere Heimat. Die meisten Menschen leben in sauberen, gepflegten Wohnungen, haben genug anzuziehen, zu essen und eine gute medizinische Versorgung. Obdachlosigkeit gibt es nicht. Wenn jemand aus irgendeinem Grund Gefahr läuft, auf der Straße schlafen zu müssen, wird die Gemeinde dafür sorgen, dass er innerhalb weniger Stunden eine Unterkunft findet!

Es gibt fast keine Kriminalität. Mein Vater konnte sein Auto unabgeschlossen abstellen, ohne Angst haben zu müssen, dass jemand es stiehlt. Die Menschen handeln anständig: Wenn man Bargeld auf der Straße verliert und es jemand findet, wird dieser eine Anzeige in der lokalen Zeitung schalten, um den Besitzer des Geldes zu finden. Es gibt im Lokalteil jeder ultraorthodoxen Zeitung eine ganze Rubrik »Fundsachen«.

Überhaupt ist das Bemühen, sich gegenseitig zu unterstützen, ausgeprägt. Wenn man eine Panne mit dem Auto hat, bildet sich sofort eine Gruppe von Ultraorthodoxen, die versuchen zu helfen. Es gibt außerdem eine Organisation, die geschulte Freiwillige hat, die man anrufen kann. Und solche Freiwilligenorganisationen gibt es nicht nur für die – kostenlose – Hilfe bei Autopannen. Wenn jemand einen Wasserrohrbruch oder sich ausgeschlossen hat oder wenn die Elektrik in der Wohnung streikt. Für viele Nöte des Alltags gibt es Organisationen, die man anrufen kann und die fachkundige Hilfe schicken.

Dazu kommt, dass viele Haushalte so genannte *Gemachim* bereithalten. Es handelt sich dabei um ein ständiges Angebot, anderen mit Dingen, die man entbehren oder leihen kann, auszuhelfen. Sie brauchen Stühle für ein Familienfest? Kein Problem: Im Telefonbuch steht sicher auch jemand, der darin mitteilt, dass Sie Stühle bei ihm leihen können. Oder in der Not auch nachts eine Kopfschmerztablette oder eine frische Windel für ihr Baby bekommen.

Natürlich gibt es auch Organisationen, die auf professionellere Art helfen, in medizinischen Fragen, bei Unfruchtbarkeit, bei der Kindererziehung, beim Umgang mit Kindern, die die Gemeinde verlassen haben (meine Mutter leitet eine solche Gruppe), bei der Eröffnung eines Geschäfts, bei der Aufnahme einer Hypothek und bei allen Problemen, die den Menschen im Alltag begegnen können. Es gibt sogar Organisationen, die zinslose Darlehen vergeben, damit ein finanzieller Engpass überbrückt, eine Hochzeit oder eine andere Familienfeier finanziert werden können.

Eine der ältesten und größten Freiwilligenorganisationen ist Hatzalah. Sie besteht aus ausgebildeten, freiwilligen Ersthelfern für medizinische Notfälle. Sie hat viele

236

Mitglieder, reagiert schnell auf Notrufe und konnte schon viele Menschenleben retten.

Auch die Spendenbereitschaft ist hoch. Sehr viele geben 10% ihres Einkommens oder auch mehr für soziale Zwecke. In den Synagogen wird immer auch gesammelt, um Bedürftige in der Gemeinde unterstützen zu können. Legendär sind die Rabattaktionen orthodoxer Geschäfte vor den Ferien, die es auch Ärmeren ermöglichen, sich mit allem zu versorgen, was die Freizeit schön macht.

Und die Menschen vertrauen einander. Wenn Sie in einem Geschäft nicht genug Geld dabeihaben, um zu bezahlen, wird der Kassierer darauf vertrauen, dass Sie ihm das Geld am nächsten Tag vorbeibringen. Man leiht Geld und macht Geschäfte auf der Grundlage eines Händedrucks und des gegebenen Wortes.

Man bleibt auch nicht lang allein. Wer in eine Synagoge kommt und fremd ist, muss nicht fürchten, links liegen gelassen zu werden. Es ist ziemlich wahrscheinlich, dass er eine Einladung zum Essen und, wenn er es braucht, auch ein Bett für die Nacht bekommt.

Sie sind im Allgemeinen sehr nette und freundliche Menschen, sogar zu Fremden, die sie besuchen. Solange man sich ihnen gegenüber respektvoll verhält, werden sie einen im Gegenzug mit Würde und Respekt behandeln.

So ist die orthodoxe Welt in gewisser Weise auch eine heile Welt. Ich will nicht zurück, denn die heile Welt hat auch eine Enge, die ich nicht ertrage. Aber das Maß der Gegenseitigkeit und die Wärme dieser Welt sind mir eine bleibende Orientierung, wenn ich meinen Weg weitergehe ...

Besuch in Israel – Bowling mit meinen Kindern

Besuch meiner Mutter in meiner Gemeinde in Basel

GLOSSAR

Ashkenazi, Pl.: Askenazim:
Selbstbezeichnung der mittel-, nord- und osteuropäischen Juden und ihrer Nachfahren. Sie bilden heute die größte ethno-religiöse Gruppe im Judentum.

Avera, Pl.: averot; Hebr.: »Übergang«
Bezeichnet eine moralische Übertretung oder Sünde gegen Gott oder gegen Menschen. Gegenbegriff zu →Mizwa.

Ba'al Tshuva / PL.: Ba'lei Tshuva
Wörtl.: »Meister der Rückkehr«; Bezeichnung für Jüdinnen und Juden, die ohne religiöse Bindung aufwachsen und sich erst später entscheiden, ihre Lebensführung nach den religiösen Regeln des Judentums auszurichten. Dazu gehören insbesondere die Einhaltung des Schabbats, der Feiertage und der Speisegesetze. Verbunden ist dieser Wechsel der Lebensführung in der Regel mit einem Anschluss an eine orthodoxe oder ultraorthodoxe Bewegung im Judentum.

Balanit
Bezeichnung für die Frau, die die →Mikwe für Frauen beaufsichtigt.

Bar Mitzwa

Wörtl.: »Sohn der Pflicht«; am 13. Geburtstag vollzogene festliche Einführung eines Jungen in den Rechtsstand des Erwachsenen, der für sein Handeln verantwortlich und den religiösen Pflichten unterworfen ist; erster öffentlicher Aufruf, in der Synagoge die Torah vorzulesen.

Bet Din

Wörtl.: »Haus des Rechts«; Bezeichnung für ein Rabbinatsgericht, das nach der →Halacha Recht spricht. Es muss aus mindestens drei Rabbinern bestehen.

Bet Midrash

Wörtl.: »Lehrhaus«; Stätte traditionellen Lehrens und Lernens im Judentum; vgl.: →Cheder; →Yeshiva

Butel beshishim

Bezeichnung für eine Regel aus dem Bereich der jüdischen Speisegesetze. Wenn es zu einer Vermischung von Koscherem mit Nicht-Koscherem kommt, gilt die Mischung dann als koscher, wenn das Volumen des Koscheren das Nicht-Koschere gesamtmengenmäßig um mehr als das 60-Fache übersteigt.

Chanukklah / Chanukka-Leuchter / Menora

Der Leuchter, der zu Chanukka entzündet wird. Acht der neun Arme stehen für die acht Tage, die das Chanukka-Fest gefeiert wird. Jeden Abend wird eine Kerze mehr entzündet, bis am letzten Abend alle acht Kerzen brennen. Der neunte Arm ist für die Kerze, die man *Schamasch* (Helfer) nennt, mit ihr werden die anderen Kerzen entzündet.

Chassid, Pl.: Chassidim

Angehöriger einer religiös-mystischen Strömung innerhalb des orthodoxen Judentums. An der Spitze einer solchen Strömung steht ein charismatischer religiöser Führer, der Rebbe. Stirbt dieser, so wird die Position in der Regel innerhalb seiner Familie an einen seiner Söhne weitergegeben. So haben sich im Laufe der Zeit verschiedene chassidische Dynastien ebenso wie Abspaltungen gebildet.

Chavruta

Der Partner, mit dem ein Schüler einer →Yeshiva religiöse Texte studiert. Die Paare finden jeweils am Beginn eines Schuljahres zusammen. Manchmal entstehen aus dem gemeinsamen Lernen lebenslange Freundschaften.

Chazzan

Vorsänger und musikalischer Leiter einer Synagoge; im Deutschen der Kantor.

Cheder

Jüdische Schule, in denen die Jungen ultraorthodoxer jüdischer Gruppen die Sprachkenntnisse, die zum Studium von →Torah und →Talmud erforderlich sind, erlernen und in diese Texte eingeführt werden. Die Ausbildung am Cheder endet gewöhnlich im Jahr der →Bar Mitzwa.

Cherem

Der Bann, d.h. der Ausschluss Einzelner oder von Gruppen aus der jüdischen Gemeinschaft. Ziel eines Bannes sind die Durchsetzung rabbinischer Dekrete, die Abwehr von Ketzerei oder der Schutz der jüdischen Gemeinschaft vor Menschen, die der Wahrnehmung der Gemeinschaft in der Öffentlichkeit nach Meinung der jüdischen Autoritäten Schaden könnten.

Chuppa

Der Baldachin, unter dem ein Brautpaar vermählt wird. Er symbolisiert das Dach, unter dem die künftige Familie leben wird.

Chuzpe (Adj.: chuzpedik)

Jiddisch: »Frechheit, Unverschämtheit«.

Cohen, Pl.: Cohanim

Biblische Bezeichnung für Priester, die den Tempeldienst zu verrichten hatten und dem biblischen Stamm Levi angehörten; Cohanim gelten als Nachfahren des Geschlechts Aaron.

Eibeshter

Jidd.: »der Ewige«; Gottesbezeichnung.

Gabbai, Pl.: Gabbaim

Jüdischer Laie, der den reibungslosen Ablauf des synagogalen Betriebs, insbesondere des Gottesdienstes unterstützt; vergleichbar mit dem Küster in christlichen Kirchen.

Goy, fem.: Goyte, Pl.: Goyim

Jiddisches Wort zur Bezeichnung eines Nichtjuden. Das Wort hat eine abfällige Konnotation.

Halacha

Die Gesamtheit der jüdischen Regeln und deren Auslegung, wie sie in →Torah, →Mischna, →Talmud und den Werken weiterer Rechtsgelehrter und Rabbiner verzeichnet sind. Die halachischen Auslegungen der Mizwot zu kennen und sie im Alltag bei der Begleitung und Beratung seiner Gemeindemitglieder anzuwenden, ist Aufgabe des Rabbiners.

Hashem

Wörtl: »der Name«; Gottesbezeichnung, die im Judentum verwendet wird, um das Aussprechen des Gottesnamens »JHWH« oder des im Gottesdienst gebrauchten »Adonai« im Alltag zu vermeiden und so sicherzustellen, nicht gegen das 3. Gebot zu verstoßen.

Hitbodedut

Eine spirituelle Praxis der Breslover-Chassidim, bei der der Chassid in ein Zwiegespräch mit Gott »wie mit einem Freund« treten soll. Empfohlen wird, diese Praxis in freier Natur, z.B. in einem Wald auszuüben.

Jichud-Raum

Ein abgesonderter Raum, den ein jüdisches Ehepaar unmittelbar nach der Hochzeitszeremonie aufsucht und in dem es eine Zeitlang verweilt; vgl. dazu dieses Buch S. 126f.

Kashrut

Bezeichnung für die Gesamtheit der jüdischen Speisegesetze.

Ketubba

Wörtl.: »Es ist geschrieben«; jüdischer Ehevertrag, der die Pflichten des Mannes seiner Frau gegenüber festschreibt. Dazu gehören Unterhalt, Bekleidung und Geschlechtsverkehr. Auch die finanzielle Absicherung der Frau für den Fall, dass die Ehe geschieden wird oder der Ehemann stirbt, sind in diesem Dokument festgeschrieben. Es wird in Aramäisch verfasst und von zwei Zeugen unterschrieben.

Ketuvim

So heißt der dritte und letzte Teil des →Tanach; in diesem Teil der hebräischen Bibel stehen Sprüche und Psalmen, aber auch bekannte Geschichten über Hiob, Ruth, Esther u.a.

Kippa

Kreisförmige Mütze, die von jüdischen Männern getragen wird. Die Pflicht, sie zu tragen, besteht bei der Ausübung des Gebetes oder anderer religiöser Handlungen. Im Alltag dient sie häufig als Statement: Jüdische Männer signalisieren mit dem Tragen der Kippa, dass sie ihre Lebensführung an der →Halacha ausrichten, oder einfach, dass sie jüdisch sind.

Kollel

→Yeshiva für verheiratete Männer.

Koscher

Wörtl.: »tauglich«; koschere Lebensmittel entsprechen den Vorschriften der →Kashrut und können verzehrt werden. Das Wort kann sich auch auf alle anderen Gegenstände oder Handlungen beziehen, die zur Ausübung einer religiösen Pflicht nötig sind.

Maschiach

Wörtl.: »Der Gesalbte«; im Judentum erwartete endzeitliche Heilsgestalt, die alle Juden wieder zusammenführt, Gottes Willen endgültig in der Welt verwirklicht und so ein Reich der Gerechtigkeit und des Friedens schafft.

Madrich, Pl.: Madrichim

Im weiten Sinn bezeichnet das Wort Menschen, die jüdische Gruppen, insb. Jugendgruppen leiten oder anleiten. Im Zusammenhang mit der Eheschließung werden mit diesem Wort die Berater bezeichnet, die die Brautleute – getrennt voneinander und für Mann und Frau jeweils ein anderer – in die Regeln der Eheführung und Fragen des Sexuallebens einweisen sollen. Vgl. dazu in diesem Buch S. 120-124.

Manhig

Hebr. für »Anführer«.

Mashgiach / Mashgichim

Hebr. für »Aufseher«; als Mashgiach wird in erster Linie ein Rabbiner bezeichnet, der die Einhaltung der Speisegesetze z.B. in Restaurants, in Großküchen, aber auch in der Lebensmittelindustrie überwacht. Auch eine Aufsichtsperson in einer →Yeshiva kann so bezeichnet werden. Vgl. dazu in diesem Buch S. 85, 109.

Matze

Auch »ungesäuertes Brot« genannt, ist ein dünner Brotfladen, der von religiösen und traditionsverbundenen Juden während des Pessach gegessen wird.

Mejshiv

Hebr.: »Antworter«; Bezeichnung für einen Lehrer, der an einer →Yeshiva den Schülern für ihre Fragen zur Verfügung steht.

Mesivta

Vor allem in den Vereinigten Staaten verbreitete alternative Bezeichnung für eine →Yeshiva, die ihre Unterrichtsschwerpunkte auf das Studium des →Talmud legt. Die Mesivta wird auch als Yeshiva Ketana (kleine Yeshiva) bezeichnet, weil sie im Unterschied zur Yeshiva Gedola (große Yeshiva) Schüler in den ersten drei bis vier Jahren nach der →Bar Mitzwa unterrichtet.

Mezuza, Pl.: Mezuzot

Wörtl.: »Türpfosten«; Bezeichnung für die Kapsel, die im Rahmen der Türen jüdischer Haushalte und in der Eingangstür zur Wohnung befestigt wird. Die Mezuza enthält ein Pergament mit 15 Versen aus dem Buch Deuteronium/Devarim.

Midrasch, Pl.: Midraschim

Das Wort kommt von der hebräischen Wortwurzel, die für »Suchen, Gott suchen« steht. Es bezeichnet sowohl den Vorgang der Auslegung religiöser Texte im Hinblick auf aktuelle Fragen als auch das nach Möglichkeit schriftlich fixierte Ergebnis dieses Auslegungsprozesses.

Mikwe

Bezeichnung für das jüdische Ritualbad. Es hat ein Becken, das 310 bis 750 Liter »lebendiges Wasser« (Grund- oder Regenwasser) enthalten muss. Es dient rituellen Tauchbädern, mit denen die religiöse Reinheit wiederhergestellt werden soll.

Mischna

Hebr.: »Wiederholung«; Bezeichnung für die wichtigste schriftliche Sammlung religiöser Regeln und Gesetze, die in Galiläa noch in rabbinischer Zeit im 3. Jhr. n.d.Z. im Judentum entstanden ist. Die Mischna bildet die Grundlage der ganzen talmudischen Literatur; vgl. →Talmud.

Mizwa, Pl.: Mizwot

Bezeichnung für eine religiöse Pflicht, die in der Torah genannt, aber auch von Rabbinern festgelegt sein kann.

Mizwe-Tanz

Der abschließende Teil einer chassidischen Hochzeitsfeier; vgl. in diesem Buch S. 128f.

Negel-Vasser

Wasser, das zum rituellen Händewaschen am Morgen nach dem Aufstehen verwendet wird; vgl. in diesem Buch S. 59.

Nevi'im

oder Nebiim (hebr. »Propheten«) bezeichnet die Prophetenbücher des →Tanach.

Pessach

Fest, dass an den Auszug der Israeliten aus Ägypten und die Befreiung des Volkes aus der Sklaverei erinnert; Geburtsfest des Volkes Israel. Während der sieben Tage des Pessach-Festes dürfen nur Matzen, aber kein gesäuertes Brot und auch keine anderen gesäuerten Teigprodukte gegessen werden.

Pidjon HaBen

Fest der Auslösung des männlichen Erstgeborenen einer jüdischen Mutter; vgl. in diesem Buch S. 33-36.

Rambam

Akronym für Rabbi Moshe ben Maimon, dt.: Maimonides (um 1135-1204); Rambam ist einer der bedeutendsten Gelehrten des Mittelalters. Er entstammte einer angesehenen jüdischen Familie, die im unter muslimischer Herrschaft stehenden Spanien lebte. Seine Werke umfassen Schriften zum jüdischen Recht, zur Philosophie und zur Medizin.

Rosch Haschana

Das jüdische Neujahrsfest, Geburtstag der Welt, siehe dazu auch →Yom Kippur.

Ruach HaKodesch

Wörtl. etwa: »heiliger Geist«; der Begriff findet Verwendung, um deutlich zu machen, dass ein Mensch in einer besonderen Verbindung zu Gott steht und, weil der Geist Gottes auf ihm »ruht«, in der Lage ist, besondere Erkenntnis zu erlangen und Dinge in der Vergangenheit oder Zukunft zu sehen.

Schabbat

Der siebte Tag der Woche, der wöchentliche Ruhetag; an diesem Tag soll keine Arbeit verrichtet werden. Er beginnt mit dem Sonnenuntergang am Freitag und endet mit Einbruch der Nacht am Samstag. Den Schabbat zu halten ist das dritte der zehn Gebote.

Schacharit

Bezeichnung für das jüdische Morgengebet.

Schavuot

Erntedankfest; gefeiert wird auch die Übergabe der Torah an Moshe und das Volk Israel durch Gott am Berg Sinai.

Schi'ur, Pl.: Schiurim

Wörtl.: »Unterricht« bezeichnet die Erörterung und Auslegung eines Textabschnittes aus →Torah, →Talmud oder anderer religiöser Schriften.

Schtetl

Bezeichnung für Kleinstädte in Osteuropa, die in Alltag und Lebensweise der Bewohner*innen stark von jüdischer Kultur und jüdischem Leben geprägt waren.

Shliach

Stellvertreter; ein Mann, der nach dem jüdischen Recht einen Rechtsakt für eine andere Person gültig vollziehen kann.

Shtreimel

Bezeichnung für eine Samtkappe mit einem breiten Rand aus Zobelfell; er wird in chassidischen Gemeinschaften von verheirateten Männern am Schabbat und bei religiösen Festen getragen.

Siddur, Pl.: Siddurim

Wörtl.: »Ordnung«; ein Gebetbuch, das die Gebete und Texte für die zu vollziehenden religiösen Praktiken für den Alltag und den →Schabbat enthält.

Simchat Torah

Fest der »Freude an der Torah«; an Simchat Torah endet der Jahreszyklus der Lesung der Wochenabschnitte aus der Torah und beginnt direkt von Neuem. Anfang und Ende treffen zusammen.

Sofer, Pl.: Soferim

Wörtl.: »Schreiber«; Fachmann für das kunstvolle Schreiben religiöser Texte; vgl. in diesem Buch S. 142f.

Sukkot

Laubhüttenfest; Speisen werden in diesen Tagen in einer selbstgebauten »Sukka« eingenommen. Das Fest symbolisiert die Vorläufigkeit menschlicher Existenz und erinnert an die Zeit nach der Befreiung aus der Knechtschaft in Ägypten, als das Volk Israel in der Wüste nicht in festen Behausungen lebte.

Tallit

Viereckiges Tuch, das jüdische Männer beim Gebet und bei der Verrichtung religiöser Riten tragen. An jeder Ecke eines Tallit befinden sich die →Tzitzijot.

Tallit katan

Teil der Kleidung jüdischer Männer, das wie der →Tallit an jeder Ecke →Tzitzijot hat. Vgl. in diesem Buch S. 57f.

Talmud

Wörtl.: »Lehre; bedeutendes Schriftwerk des Judentums, das als Babylonischer Talmud und Jerusalemer Talmud in zwei Überlieferungslinien erhalten ist. Vgl. in diesem Buch S. 19f.

Tanach

Bezeichnung für die Heiligen Schriften des Judentums; der Tanach besteht aus der →Torah, den Nevi'im (Propheten) und den Ketuvim (Schriften).

Tefillin

Gebetsriemen, die jüdische Männer und im liberalen Judentum auch Frauen vor der Verrichtung bestimmter Gebete anlegen. Teil der Teffilin sind Kapseln, die auf Pergament geschriebene Verse der Torah enthalten und auf dem Kopf oberhalb der Stirn und am linken Oberarm getragen werden.

Tish

Ein Treffen, bei dem ein chassidischer Rebbe Anhänger um sich versammelt. Es wird gesungen und gegessen. Meistens hält der Rebbe einen Vortrag. Ein Tish findet regelmäßig am Schabbat und an besonderen religiösen Festtagen statt.

Torah

Der älteste Teil des →Tanach, bestehend aus den fünf Büchern Bereshit, Schemot, Wajikra, Bemidbar und Devarim. Diese Bücher erzählen in einem großen Bogen die Geschichte Gottes mit der Menschheit und seinem Volk Israel von der Weltschöpfung bis zur Ankunft im Gelobten Land. Unter den Namen Genesis, Exodus, Levitikus, Numeri und Deuteronium fanden sie als Teil des sog. »Alten Testaments« Eingang in die christliche Tradition, die in ihrer Frühzeit kein »Neues Testament« kannte, sondern sich auf diese Schriften des Judentums bezog.

Tscholent

Eintopfgericht, das auf einem Feuer zubereitet und warmgehalten werden muss, das vor Beginn des →Schabbat entzündet wurde. Im Hintergrund steht das Verbot, am Schabbat Feuer anzuzünden.

Tzitzit, Pl.: Tzitzijot

Sog. »Schaufäden« an den Ecken von →Tallit und →Tallit katan; die Schaufäden haben Knoten und sollen den Träger an die Gebote Gottes erinnern, ihm diese vor Augen führen; vgl. in diesem Buch S. 58.

Upscherin

Das Ritual des ersten Haarschnittes bei Jungen in orthodoxen Gemeinschaften; vgl. in diesem Buch S. 53ff.

Yeshiva, Pl.: Yeshivot

Hochschule für das Torah- und Talmud-Studium; allgemeiner eine Bildungseinrichtung, die sich jüdischer Kultur und Lehre widmet.

Yom Kippur

Versöhnungsfest; zehn Tage nach →Rosch Haschana, dem Neujahrsfest; die zehn Tage zwischen dem Neujahrsfest und Yom Kippur gelten als Tage der Reue und Umkehr, in denen Menschen versuchen sollen, die Folgen ihres Handelns und Denkens zu erfassen. Zusammen bilden Rosch Haschana und Yom Kippur die Hohen Feiertage.

Zaddik, Pl.: Zaddikim

Bezeichnung für einen »Rechtschaffenen«, d.h. für einen besonders frommen Menschen, dem eine besondere Beziehung zu Gott nachgesagt wird; vgl.: →Ruach HaKodesch.

Auf den folgenden Webseiten finden Menschen, die ultra-orthodoxe Gemeinschaften verlassen wollen, Unterstützung und Hilfe:

Deutschland:
https://www.beshtdresden.org
https://www.besht.de

Großbritannien:
https://geshereu.org.uk
https://mavar.org.uk
http://nahamu.org

Israel:
https://barata.org.il
https://hillel.org.il
https://www.leshinuy.org
https://www.uvaharta.org.il

New York:
https://yaffed.org
https://freidom.org
https://footstepsorg.org

Kanada:
http://forwardorg.org

Australien:
https://www.pathwaysmelbourne.org

Alle diese Organisationen sind spendenfinanziert und benötigen dringend Ihre Unterstützung!

Penguin Random House Verlagsgruppe FSC® N001967

1. Auflage
Copyright © 2022 Gütersloher Verlagshaus, Gütersloh,
in der Penguin Random House Verlagsgruppe GmbH,
Neumarkter Str. 28, 81673 München

Umschlagmotiv: © Frédéric Brenner; www.fredericbrenner.com
Foto Seite 228: © Jaap Kalkman
Alle übrigen Fotos in diesem Buch: © Akiva Weingarten
Druck und Bindung: GGP Media GmbH, Pößneck
Printed in Germany
ISBN 978-3-579-06218-1
www.gtvh.de